パラグアイの発展を支える日本人移住者

大豆輸出世界4位への功績と産業多角化への新たな取組み

北中 真人 KITANAKA Makoto
藤城 一雄 FUJISHIRO Kazuo
細野 昭雄 HOSONO Akio
伊藤 圭介 ITO Keisuke

オムニバスヒストリー

はしがき

　本書は、南米の中央に位置する国、パラグアイにおける日本人移住者の同国経済への長年にわたる貢献を描いたものである。著者4名のうち3名は実際にJICAパラグアイ事務所での勤務経験を有し、残り1名はパラグアイの包摂的発展に関する研究を行った実績を有する。

　1936年に開始された日本からパラグアイへの移住は、80年以上の歴史がある。この間に日本人移住者がパラグアイ社会、経済に与えた影響は甚大である。本書は、その歴史の中で特筆すべき成功事例として大豆生産を中心とした取り組みに焦点をあて、さらに近年大豆以外にも多角化して拡大していく日本人移住者の活躍の場についても紹介している。

　本書の構成は以下のとおりである。プロローグでは、まず導入として、パラグアイと日本との"繋がり"について触れている。第1〜3章は、日系移住者の入植当時の苦労と、そこから大豆の生産を軌道に乗せ、生産規模において世界的にも確固たる地位を築き上げるまでの軌跡を描いている。第4章は、大豆から派生した農畜産物の加工産業への取り組みの様子を描き、続く第5章は、近年新たに生まれた産業として、ゴマの生産や自動車部品産業を取り上げている。第6章は日本とパラグアイの社会のパートナーとしての繋がりを描いている。そして、エピローグにおいて、日本人移住80周年記念事業がパラグアイで催された様子を紹介している。

　本書は、パラグアイ一国だけを取り上げ、日系移住者の長年の貢献にスポットを当て、その功績について取りまとめた一般書という点で、非常に貴重である。ある特定の分野や専門書においてパラグアイの経済を取り扱う書籍は存在すると思われるが、日本人移住者の活躍という視点からその経済発展への貢献を包括的に取りまとめた書籍は本書以外にないと思わ

れる。

　両国関係の歴史の一側面を記した本書は、2019年、「日・パラグアイ外交関係樹立100周年」という記念すべき年に上梓される。本書が、日本とパラグアイ双方の国民がお互いを理解するための良いテキストになりうると確信する。

　本書は、JICA研究所の「プロジェクト・ヒストリー」シリーズの第22弾である。この「プロジェクト・ヒストリー」シリーズは、JICAが協力したプロジェクトの歴史を、個別具体的な事実を丁寧に追いながら、大局的な観点も失わないように再構築することを狙いとして刊行されている。そこには、著者からの様々なメッセージが込められている。今回は、4名の著者からなるオムニバス・ヒストリーとしてまとめられた。これまでのシリーズとは異なり、各著者がそれぞれの視点からパラグアイにおける日系移住者の活躍をまとめる形を採用した。また、本書の刊行にあたり、パラグアイ現地にて活躍されている日系移住者の方々にはインタビューをはじめ、写真、資料の提供など様々な形でご協力をいただいた。80年以上の歴史を振り返るにあたり、大変貴重な資料となった。この場を借りて厚く御礼申し上げる。本書がパラグアイという国を知るきっかけになり、また、日系移住者という我々と縁の深い方々が日本とは地球の反対側に位置する国で長年にわたって活躍しているという事実を、是非、一人でも多くの方に知ってもらえれば幸いである。

JICA研究所長

大野　泉

目次

はしがき………………………………………………………………… 2

プロローグ
パラグアイと日本の絆………………………………………… 9
1．東日本大震災……………………………………………………… 11
2．現在のパラグアイ………………………………………………… 13
3．入植当時のパラグアイ…………………………………………… 15

第1章
日系社会が礎を作ったパラグアイの大豆生産…………… 19
1．大豆の導入と日本人移住の歴史………………………………… 21
　世界の大豆主要生産国に成長したパラグアイ………………… 21
　パラグアイへの大豆の導入……………………………………… 21
　パラグアイへの日本人移住開始………………………………… 23
　初の日本人移住地ラ・コルメナの創設………………………… 23
　ラ・コルメナ移住地におけるパラグアイ初の大豆の集団栽培………… 24
　戦後の移住再開…………………………………………………… 26
　入植期の壮絶な苦労……………………………………………… 27
2．日系社会による大豆生産確立の歴史…………………………… 29
　大豆生産に辿りつくまでの様々な作目での試行錯誤………… 29
　イタプア県日系移住地における大豆生産の拡大とサンタ・ロサのパイオニアたち… 32
　移住、開拓、試行錯誤の50年間………………………………… 35
　コラム① 日本語学習を通じた日系アイデンティティの醸成 ………… 39

第2章
大豆主要生産国への飛躍と日系社会が果たした貢献………… 41
1．大豆生産拡大の主役を担った日系農協………………………… 43
　1970年代の大豆生産と日系社会の概況………………………… 43
　パラグアイ農業開発で中心的役割を担う農協セクター……… 44
　日系農協中央会と五つの日系農協……………………………… 45
2．日系農協により牽引された機械化大豆生産…………………… 47

4

日系3農協における1970年代の大規模機械化農業の展開……………… 47

ピラポ移住地における大規模機械化農業実現までの一例……………… 48

BOX 2-1　JICAによる日系社会への研修機会の提供 …………… 50

大豆の大型機械化農業が実現された要因…………………………………… 51

3．日系農家による持続的農業モデル開発：「拓く農業」から「守る農業」への転換… 55

持続的な農業生産確立への危機意識………………………………………… 55

周辺国での不耕起栽培技術とパラグアイへの導入開始………………… 56

日系農家による不耕起栽培への着手……………………………………… 57

3移住地への不耕起栽培の導入、定着…………………………………… 59

4．パラグアイ農業総合試験場（CETAPAR）のこれまでの役割と将来 … 61

日系農家による持続的農業モデルに果たしたCETAPARの役割 ………… 61

未来の持続的農業のための今後のNikkei CETAPAR ……………………… 65

コラム②　なぜ日本語を学ぶのか …………………………………… 68

第3章

パラグアイ大豆生産のさらなる課題と日系社会による将来展望… 71

1．日系社会が抱える大農地占拠問題と共存の取組み…………………… 73

農地不法占拠問題……………………………………………………………… 73

イグアス移住地における地域共存の取組み……………………………… 75

2011年のイグアス移住地における農地不法占拠事件…………………… 77

2．日系社会が抱える大豆の病虫害対策………………………………………… 79

大豆さび病などの病害虫対策……………………………………………… 79

3．日本への大豆輸出のチャレンジと将来の展望………………………… 81

日本へのパラグアイ大豆輸出……………………………………………… 81

日系社会におけるパラグアイ大豆生産の課題と展望………………… 82

第4章

日系社会が挑む農畜産加工クラスターの形成…………………… 87

1．転換期を主導した、大豆をベースとした農畜産加工クラスター ………… 89

熱帯一次産品依存から多角的産業への転換……………………………… 89

第2世代、第1.5世代の活躍が新産業への突破口を開く …………… 92

2．大豆・配合飼料・畜産・食肉加工クラスター構築に挑戦する ………… 94

内陸国パラグアイの不利な立場を逆手に取る…………………………… 94

5

飼料・畜産・食肉クラスターのパイオニア達‥‥‥‥‥‥‥‥‥‥ 94

困難な輸出市場の開拓を乗り切る‥‥‥‥‥‥‥‥‥‥‥‥‥‥ 95

クラスターのコアとなったウピサ社と農協‥‥‥‥‥‥‥‥‥‥ 96

パイオニアとなった動機と困難を乗り越える強さ‥‥‥‥‥‥‥ 98

3．高付加価値農畜産業への多角化：パラグアイの養鶏・鶏卵産業の発展をリードする‥ 100

積み重ねた試行錯誤‥‥‥‥‥‥‥‥‥‥‥‥‥‥‥‥‥‥‥‥ 100

養鶏との出会い‥‥‥‥‥‥‥‥‥‥‥‥‥‥‥‥‥‥‥‥‥‥ 101

事業拡大への転機‥‥‥‥‥‥‥‥‥‥‥‥‥‥‥‥‥‥‥‥‥ 102

上流から下流まで：一貫体制の構築‥‥‥‥‥‥‥‥‥‥‥‥‥ 103

卵といえば「ジェミータ」：国産ブランドの確立‥‥‥‥‥‥‥ 105

4．大豆と並んで、小麦の一大産地へ‥‥‥‥‥‥‥‥‥‥‥‥‥ 107

小麦生産の決め手となった製粉工場‥‥‥‥‥‥‥‥‥‥‥‥‥ 107

大豆の裏作としての小麦生産を定着させた日系農協‥‥‥‥‥‥ 109

飼料生産で畜産の拡大と地元経済の活性化へ‥‥‥‥‥‥‥‥‥ 110

コラム③　ラ・コルメナ移住地の再生とフルーツ祭り‥‥‥‥‥‥ 114

第5章

新たな産業の発展と輸出の多角化 ‥‥‥‥‥‥‥‥‥‥ 117

1．長年の技術開発とその小農への普及で可能となったゴマ産業の発展‥ 119

トラックの荷台に乗ってアスンシオンへ‥‥‥‥‥‥‥‥‥‥‥ 119

『神からの贈り物』ゴマとの出会い‥‥‥‥‥‥‥‥‥‥‥‥‥ 120

ゴマ栽培ゼロからの出発：エスコバ種開発の快挙‥‥‥‥‥‥‥ 122

容易ではなかったゴマ栽培技術の普及‥‥‥‥‥‥‥‥‥‥‥‥ 123

特許をとっても特許料は取らず、小農への普及を優先‥‥‥‥‥ 124

発展したゴマ生産クラスター‥‥‥‥‥‥‥‥‥‥‥‥‥‥‥‥ 125

挑戦は続く：新たな課題‥‥‥‥‥‥‥‥‥‥‥‥‥‥‥‥‥‥ 127

国際的に評価されるシロサワ社の事業‥‥‥‥‥‥‥‥‥‥‥‥ 129

2．自動車部品産業のパイオニアの誕生‥‥‥‥‥‥‥‥‥‥‥‥ 130

パラグアイ社会に根を下ろしたトヨトシ・グループ‥‥‥‥‥‥ 131

トヨトシ・ギジェン社がヨーロッパ・トヨタのサプライチェーンに参加‥ 132

パラグアイにおける自動車部品産業発展の魁となる‥‥‥‥‥‥ 134

3．日本人のパイオニア企業群に共通の特徴‥‥‥‥‥‥‥‥‥‥ 135

4．パラグアイの経済発展とクラスター戦略‥‥‥‥‥‥‥‥‥‥ 137

パラグアイの経済発展における産業集積……………………………… 137

産業集積とインクルーシブな発展………………………………… 141

BOX 5-1　EDEPを推進した人々と組織　………………………… 143

コラム④　移住地の発展と地域共生……………………………… 147

第6章

日系社会が支えるパラグアイと日本の新たなパートナーシップ… 149

1．日本−パラグアイの国際協力の新たな潮流……………………… 151

パラグアイ国の開発政策……………………………………… 151

日本企業のパラグアイ進出…………………………………… 152

国際協力と民間連携…………………………………………… 153

新たな国際協力の形〜ジャパン・アカデミー〜…………… 154

パラグアイ産ゴマと日本とのつながり……………………… 156

農業大国パラグアイと日本の食料安全保障………………… 158

大学による国際協力〜帯広畜産大学の取組み〜…………… 160

2．パラグアイ農業・農村社会の変容〜日系社会と非日系社会の共存共栄に向けて〜… 162

パラグアイ農業における篤農家としての日系人…………… 162

パラグアイ農業の発展と小規模農家の課題………………… 166

日系社会と非日系社会の共存共栄に向けた取組み………… 168

農業・農村開発モデルとしての日系移住地………………… 170

3．パラグアイ社会における日系社会〜日本・パラグアイ友好関係の深化に向けて〜… 172

パラグアイ農業の発展と共に歩む日系農業………………… 172

パラグアイの魅力……………………………………………… 174

パラグアイにおける農・食産業ビジネスの可能性………… 177

コラム⑤　イグアス会議に始まる次世代日系リーダー育成 ……… 178

エピローグ

パラグアイ日本人移住80周年……………………………………… 181

あとがきにかえて…………………………………………………… 192

略語一覧……………………………………………………………… 196

使用する言葉の定義

　中山寛子「戦後日本からのパラグアイ移住にみる集団移住地社会形成－高知県幡多郡大正町の「町ぐるみ」移住と日本人意識－」（法政大学審査学位論文2016）による定義を援用し、「移住者」及び「日系人」の使用を以下のとおりとする。

「移民」と「移住者」

　海外への「移民」は、ブラジル移民国際化の発端が失業者や農村の貧窮者の救済が目的だったり、それ以前からの相続する土地がない農村の二三男や過剰人口対策という影響で、「移民」という言葉には貧困イメージがついてまわった。

　1952年の海外移住再開後、1955年11月に外務省から各省へ呼称変更に関する以下の通達が出され、公務上の使用において「移民」から「移住者」へ変更された。

　　「移民」という呼称の代わりに「移住者」とするの件

　本件に関し従来本省及び在外公館に於いては「移民」という呼称を用いて来たが、右は所謂「食いつめ者」の如き印象を与え、移住政策上面白からざるについては、今後本省並びに在外公館に於いては凡て「移住者」の語を使用する事に統一一致し、法律用語としても逐次右に倣う事と致し度く。右高裁を仰ぐ。

　上記から、本稿では「移住者」を使用する。

「日本人」と「日系人」

　日系アメリカ人研究においては、第1世代は「日本人」、「在米日本人」など、市民権を保有する第2世代以降は「日系アメリカ人」という呼称で区別されることが多い。しかしながら、パラグアイの日本人移住者の場合は、1世の移住者は自ら「日本人」と名乗っているが、2世は様々であり「日本人」と名乗る人もいれば、「日系人」と名乗る人もいるが、「日系パラグアイ人」と名乗る人はみられない。

　したがって、本稿では、第1世代のみを表現する時は「日本人移住者」、第2世代以降も含めた総称を表現する時は、「日系移住者」、「日系農家」、「日系移住地」などとする。なお、各移住地の日本人会など固有名詞については、そのまま使用することとする。

プロローグ

パラグアイと日本の絆

北中 真人

1. 東日本大震災

　ブラジルとの国境に近いパラグアイ東部に位置するイグアス移住地に住む福井一朗さん（イグアス日本人会会長）は、地球の反対側に位置するパラグアイでもNHKワールドが見られるようになり、毎日、祖国日本のニュースを見るのを楽しみにしていた。しかし、その朝の映像には目を見張った。地震のないパラグアイではにわかには想像できないが、日本で大震災があり、大きな被害が出ていることが一瞬にして伝わったのである。

　2011年3月11日14時46分18秒（日本時間）、宮城県仙台市の東方沖70キロメートルの太平洋の海底を震源とする大地震が発生した。この地震により、場所によっては波高10メートル以上にも上る巨大な津波が発生し、東北地方と関東地方の太平洋沿岸部に壊滅的な被害が発生した。

　悲惨な状況を刻一刻と伝える画面を食い入るように見つめる福井さんの頭の中は、ここパラグアイから何か祖国日本の役に立つことができないか、その思いでいっぱいだった。しかし、地球の反対側に位置する日本とパラグアイの距離を考えるとなかなかいい考えが浮かんでこない。悶々とするばかりだったが、そんな中15日夜、渡部和男在パラグアイ日本大使から電話が入った。大使からは、イグアス移住地で日系農家が生産する非遺伝子組み換え大豆100トンを寄贈し、その大豆で豆腐100万丁を製造して、被災地で無償配布するという壮大な計画が伝えられた。

　15日夕、日本大使公邸には、8年前からイグアス産の大豆の輸入（年間約2,000トン）を手掛けてきたギアリンクス社（岐阜県）の中田智洋社長とイサオ・タオカ前駐日パラグアイ大使が招待されていた。タオカ前大使と中田社長は、10年前にパラグアイ日系農協中央会とギアリンクス社が農牧大臣、在パ日本大使等の立ち会いの下、食糧供給協定を結んだ際、日本が何らかの困難に陥った時には、日系農協中央会が支援するという約束を交わしていたことを思い出していた。大使公邸に到着するまでに二人は、今がその約束を果たすときではないか、具体的にはすでに日本の倉

庫に在庫があるイグアス産の大豆100トンを使って100万丁の豆腐を作り、被災地に届けるという結論に達していた。経費はざっと25万ドル。この提案に渡部大使も多いに賛同し、パラグアイの日系社会からの支援としてこれ以上のパラグアイらしいアイデアはないとの結論に達し、その場からイグアス移住地の福井さんへの電話連絡となったのである。

行動の人である福井さんは、翌日、早速移住地の有志と話し合い、数日後には地元イグアス農産業協同組合の組合員大会を開催し、大豆の無償提供と経費の負担を決定した。これを受け、ギアリンクス社の中田社長は国内の豆腐製造の準備に奔走することになる。一方で、日本国内での豆腐製造・流通にかかる経費の手当も必要であったが、これもパラグアイ日本人会連合会の小田俊春会長の尽力により、募金の一部を充当させることで日系社会の了解を得、解決した。

このようにパラグアイ日系関係者の迅速な動きと、震災被災者一人ひとりの手元に日系社会の心を込めた豆腐を届けたいという思いで、「心はひとつ」の文字とパラグアイ・日本両国の国旗をあしらったパッケージ・デザインの豆腐の製造が、ギアリンクス社の呼びかけに応じた国内の豆腐製造会社6社の協力により開始されたのである。

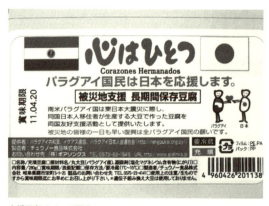

支援豆腐パッケージ写真

しかし、震災後の物流は道路の寸断等で困難を極め、4月14日に支援豆腐の第1回発送を行ったものの、5月までの配布実績は4万丁に届かなかった。しかしその後の関係者の努力と工夫により、12月末には90万丁に届き、翌2月2日に当初の目標の100万丁を達成した。その努力の中には、前述の福井さんと小田会長の被災地訪問があった。6月に両氏は日本に赴き、岩手県と福島県知事と面談。当プロジェクトについて詳しい説明を行い、支援に対するパラグアイ日系社会の真摯な気持ちを伝えた。この支援はイグアス産の大豆を使い切るまで継続され、最終的に震災18カ月後の2012年9月末で128万8,096丁に達した。家族で分けあって支援豆腐を食したと仮定すると200万から300万人の被災者の方々にパラグアイ日系社会の絆と思いが届いたのではないだろうか。

　被災地に届けられた豆腐の評判は大変よく、仮設住宅に住む被災者の方々からもパラグアイ日本人会にたくさんの感謝状が届いた。パラグアイ日系社会の豆腐支援はメディアでも大きく報道され、野田佳彦総理大臣（当時）からイグアス農業協同組合に感謝状が出され、その後も中学の学校教育で活用されている歴史副教材（「資料カラーの歴史」浜島書店）にも取り上げられた。

2．現在のパラグアイ

　パラグアイの首都アスンシオンは高層ビルの建設ラッシュである。2008年からはじまる穀物価格の高騰は、食糧安全保障の観点からは不安要素となり、世界各地で暴動が発生するなど記憶に新しい。しかし、今や世界の穀倉地帯となった南米の穀物生産者にとってはプラスに働いた。2005年のパラグアイの1人当たりのGDPは1,507ドル（国連統計2019年1月25日）であったが、2010年には倍増の3,228ドル、2014年には最高の4,713ドルを記録した。その後、やや減速するものの、4,000ドル以上を推移している（2017年4,322ドル）。穀物生産だけではなく、近年では牛肉の輸出も伸

び、農業セクターは潤っており、その収益が不動産投資に向かっているといわれている。しかしながら、今は堅調な農業生産も気候変動の影響により、灌漑設備の整っていないパラグアイの農業生産は常に不安要因を抱えており、今のうちに将来への農業インフラ投資が期待される。また、大豆をはじめとする穀物は機械化農業を前提とした規模の農業経営と呼ばれ、格差是正のためにも小農への支援が重要となっている。

高層ビル建設現場を含むアスンシオン風景

パラグアイは南米の中央に位置する内陸国であり、独立後（1811年）、20世紀までは人、物及び情報の出入りが乏しい環境にあったが、ICT時代を迎え、旧来の内陸国であるというデメリットは克服されつつある。隣国のブラジルやアルゼンチンに比べ、海外直接投資の規制がシンプルかつ柔軟で、近年、ブラジル市場をターゲットとした縫製業や組立工業（日系企業を含む）が発展し、地方部の若年層の雇用の拡大に大いに貢献している。今後、パラグアイに進出した企業からの評価が高まれば、この傾向は一層強まると思われる。

また、ブラジルと共同運営しているイタイプ発電ダム、アルゼンチンと共同運営しているヤシレタ発電ダムのクリーンで豊富な電気エネルギー、

未利用の豊富なガラニー帯水層[1]の存在、中南米では比較的犯罪の少ない社会状況、温和な国民性等、海外からの投資にプラスに働く要素も多く、今後の均衡ある発展が期待される国の一つである

3. 入植当時のパラグアイ

　南米移住は、1908年の笠戸丸によるブラジル移住が嚆矢となるが、ブラジル移住が最盛期（年間約2万人が渡伯）を迎えた1934年、ブラジル政府は「移民二分制限法」により日本からの移住を制限した。そのため、隣国のパラグアイが注目された。当時のパラグアイはボリビアとのチャコ戦争の影響もあり、国内の活力向上のため、日本人移住を歓迎した。

　パラグアイへの移住は1936年のラ・コルメナ（スペイン語で「蜂の巣箱」）への入植に始まる。初期入植者は綿、米、野菜等の栽培に専念したが、1944年末の干ばつ、1946年の太陽を遮るほどの飛びバッタの被害等、苦労の連続だった。また、太平洋戦争の勃発も移住地に暗い影を投げかけた。

　戦後、移住事業が再開され、1956年にラパス、アマンバイ入植、1960年にアルトパラナ（現ピラポ）入植、1961年にイグアス入植が実施され、

原生林を切り開く入植者　　　提供：パラグアイ日本人会連合会

1）地下水が蓄えられている地層。アルゼンチン、パラグアイ、ブラジルにまたがり、地球上最大規模の淡水量を誇る。

1959年には日パ移住協定が両政府間で締結された。

　しかし、入植は原生林との戦いであった。ジャングルを山刀で切り開き、直径1メートルを超す大木を鋸で切り倒し、牛を使って切り株を起こす毎日で、その間に風土病をはじめ、病で命を落とす移住者もいた。また、子弟の教育や電気をはじめとする生活インフラの整備も初期の入植地の大きな問題であった。

　戦後日本の厳しい生活を経験してきた日本人入植者は、度重なる苦難を不撓不屈の精神で乗り越え、1960年には大豆360トンをブエノスアイレス経由ではじめて日本に輸出したが、その後もまだまだ苦労の日々が続く。折しも日本では1964年の東京オリンピックを契機に、高度経済成長路線をひた走りし、生活の豊かさを実感できる時代を迎えていた。

　特に移住者を悩ませたのが、農家経営の基盤となる基幹作物が見いだせなかったことだった。柑橘類の病害の大発生やアルゼンチンのパラグアイからの農作物の輸入制限等、常に予想できない課題に直面する日々の連続だった。

　そんな中、1973年はパラグアイに住む日系農家とパラグアイ農業にとって大きな転機の年となった。始まりはシカゴの大豆相場の高騰であった。日本でも米国からの大豆輸入が止まり、大きな社会問題となった。しかし、これがパラグアイ日系農家にとってはターニングポイントとなった。大豆－小麦の作付体系が農家経営を安定させ、その後の日系移住地発展の基礎を作った。1983年には、イグアス移住地で大豆不耕起栽培が導入され、長年にわたる土壌流亡の問題も解決し、他のパラグアイ大豆農家にも一気にこの技術が普及し、パラグアイは世界第4位の大豆輸出国になるまでに至った。まさに日系移住者がパラグアイの国富の礎を築いた時代であった。

　そんな中、1978年6月には皇室として初めて皇太子同妃両殿下（当時）がパラグアイをご訪問され、イグアス移住地に足を運ばれた。1986年10月には日本人移住50周年記念祭が首都アスンシオンで盛大に執り行われ、

南こうせつのフォークコンサートが花を添えた。そして2016年8月には、眞子様のご列席の下、80周年記念祭が開催された。

　横浜のみなとみらいにあるJICA海外移住資料館の白い壁には大きく「われら新世界に参加す」という一文が記されている。英語、スペイン語及びポルトガル語でも表記されているこの文章は、国立民族学博物館初代館長の梅棹忠夫氏が2002年の移住資料館の設立に合わせ、これまでの日本人海外移住者の軌跡を踏まえて表現されたものだ。本書を通じて、日本人移住者がパラグアイの建国にどう関わってきたのか、移住者三代にわたるドラマを見ていきたい。2019年、日本とパラグアイは修好100周年を迎えた。

1978年皇太子同妃両殿下のパラグアイ訪問
　　　　　　　提供：パラグアイ日本人会連合会

参考文献・資料

パラグアイ日本人会連合会(2012)『東日本大震災被災者支援100万丁豆腐プロジェクト』パラグアイ日本人会連合会編　2012年10月
パラグアイ日本人会連合会（2007)『パラグアイ日本人移住70周年誌』

第1章

日系社会が礎を作ったパラグアイの大豆生産

藤城 一雄

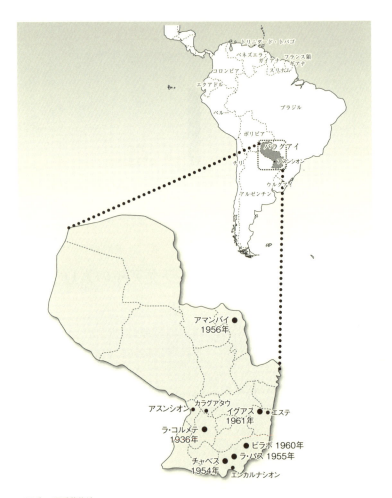

パラグアイ日系移住地

1. 大豆の導入と日本人移住の歴史
世界の大豆主要生産国に成長したパラグアイ

　パラグアイ農牧省によれば、2017年のパラグアイのGDP生産額のうち農牧業が約30%を占め、輸出額においては農牧業は実に約3分の1を占めており、農業・牧畜が国の経済を支えていることが良く理解できる。パラグアイにおける農業生産の歴史は、16世紀のスペイン人による征服から始まり、20世紀にはタバコ及び綿が主要な輸出品目となっていた。1970年代からは、大豆及び小麦という新しい作物の大規模な機械化農業が開始され、これを主に担ったのはドイツ、イタリア、日本、ブラジルなどからの農業移住者だった。

　2016年、パラグアイへの移住80周年を迎えた日系社会による農業分野への貢献について、フォアン・カルロス・バルハ農牧大臣（当時）は、「パラグアイにおける日系人の皆さんは、多くの分野で活躍をしており、その勤勉さ、規律、正直さで知られている。また、大豆・小麦の生産を行っている日系の大規模農家は、パラグアイの外貨獲得源として国際市場への農産物輸出を実現させるために中心的な役割を担った。[2]」と明言している。

　2017年には、パラグアイは世界の大豆生産国の5位、そして世界の大豆輸出国4位となっており、パラグアイはアメリカ、ブラジル、アルゼンチン、中国などと並んで世界の大豆生産において大きな役割を担うまでになっている。パラグアイを世界経済とつなげる原動力となっている大豆について、パラグアイへの導入の歴史、大規模機械化農業が実現するまでの道のり、不耕起栽培技術の定着などの過程において日系社会が果たしてきた貢献について明らかにしていきたい。

パラグアイへの大豆の導入

　日本の農林水産省によれば、マメ科大豆属の大豆の原産地は中国で

2）La Federación de Asociaciones Japonesas en el Paraguay（2016）

あり、日本では弥生時代中期に存在・利用されていた。パラグアイへの大豆導入は、1921年、パラグアイ人医師ペドロ・ニコラス・シアンシオによってなされた。シアンシオは、1892年、カアサパ県にてイタリア系移住者の子弟として誕生し、アスンシオンの高校を経て、イタリアのナポリ大学に留学して医学、食品栄養学を学び、帰国後はアスンシオン大学医学部において教鞭の職に就いた。シアンシオは、パラグアイの貧困農民の食生活への肉の代替のタンパク源として大豆を導入し、「パラグアイにおける大豆生産は、私がパラグアイに大豆を導入した年である1921年から開始された。」という言葉を残している。

シアンシオは、栄養学的見地から大豆タンパクを重視し、広くその栽培と食生活への利用について熱意をもって奨励、普及するべく国内外で多くの講演や執筆活動に奔走した。その際の言葉を抜粋すると、「科学と人類千年の経験から、大豆は栄養価が最も高いことが明らか。」、「我が国の土地は、大豆栽培に適していることが明らかになっている。」、「小さな面積に大豆を手作業の低コストで栽培し、毎日ないし週に2～3回食べることで、我々の食料問題を解決することができる。」と語っている。[3]

初期の大豆栽培の様子（原生林の伐採、火入れの後に植付）
出典：イグアス農協50年史

---

3) González (2014)

1920年代までは、シアンシオの出身地であるカアサパ県を中心に栽培されたが、その面積は微々たるものに過ぎなかった。保守的なパラグアイ文化の影響もあり、当時、大豆導入は十分に評価されていたとはいえず、シアンシオは「大豆博士」と揶揄された。貧困層の栄養問題改善のために導入された大豆が、パラグアイ経済を支える輸出作物に成長していくのは導入から50年を経た1970年代であり、このような大豆の貢献をシアンシオは知ることなく、1956年に64歳で永眠した。

パラグアイへの日本人移住開始

パラグアイへの日本人移住が開始されたのは、1936年だった。

年間2万人を超える日本人移住が行われていたブラジルが、1934年、日本人を含む外国人移住者の自国への受入数を制限する「移民二分制限法」を制定し、事実上日本からの移住に門戸を閉ざしたことにより、日本政府は代替移住国を必要としていた。当時、パラグアイは、1932年からのボリビアとのチャコ戦争で疲弊しており、その対策として推進していた外国人移住者の導入の一環として、日本人移住者の受け入れを決定した。

1936年3月、ブラジル拓殖組合及び在アルゼンチン拓殖省の職員がアスンシオンに到着し、入植候補地を調査したが、同年2月17日の革命で政権を掌握したラファエル・フランコ大佐の新政権内には、日本人移住者の入植に反対意見があり、移住者受入許可に時間を要した。4月30日、パラグアイ政府から、試験的に日本人移住者100家族の入国を許可するという大統領令が発布され、日本人によるパラグアイへの移住の道が拓かれた。

初の日本人移住地ラ・コルメナの創設

「ラ・コルメナ」移住地は、アスンシオンから南東に約130キロメートル、標高約300メートルの緩傾斜の丘陵地に位置し、現在はパラグアリ県ラ・コルメナ市、当時はイビチミ郡イルアルテ村だった。「ラ・コルメナ」は、ス

ペイン語でハチの巣箱を意味しており、日本人が働き者であることに由来し名付けられた。1936年6月より、ブラジルから指導移住者が入植し、8月には日本から第1回入植者11家族81名が到着・入植した。以後、1941年までの5年間、延べ28回にわたって、123家族790名が入植した。

　移住者は抽選で決定した土地に各自入植し、原生林を切り拓き、耕地化に汗を流したが、その苦難は筆舌に尽くし難いものがあった。移住者は、切り拓いた土地に、綿花、豆類、イネ、トウモロコシ、落花生、タマネギ、ジャガイモ、野菜、キャッサバ、タバコ、油桐、ブドウなどを栽培した。当時、パラグアイ政府は輸出作物として綿花栽培を重視しており、綿花栽培への従事がラ・コルメナへの日系移住者受入の条件になっていた。1938年7月に繰綿工場が完成して以降、1950年頃までは、ラ・コルメナの日系移住者がパラグアイの綿の大部分を生産していた。[4]

ラ・コルメナ移住地におけるパラグアイ初の大豆の集団栽培

　ラ・コルメナに入植した日本人移住者は、入植当初から生活必需品として大豆を栽培した。ラ・コルメナ移住地において、1937年から1953年までのわずかな間ながら、自給用の生産に止まらず換金作物となっていたとの記録が残っており、パラグアイにおいて、大豆を初めて集団的に栽培したのは、ラ・コルメナ移住地の日本人農家と推測されている。[5]

　最大の生産面積は1942 〜 1943年の約70ヘクタール、最大の生産量は1941 〜 1942年の66トンであるが、1ヘクタール当りの生産量を見ると約400 〜 1,000キログラムとばらつきがあるうえに、現在の機械化された大豆生産の単収よりもかなり低いものとなっている。最も単収が高かった1941 〜 1942年の単収1,084キログラム/ヘクタールは、日本の農林水産省が発表

───────────────

4)パラグアイ日本人移住 70 年誌（2007）
5)青山（1987）

している同年の日本の単収970キログラム/ヘクタールを上回っている[6]。日本は第二次世界大戦末期だったことも考慮する必要はあるものの、当時のラ・コルメナ移住地の日系農家の技術力の高さの一端を物語っている。ラ・コルメナ移住地における大豆生産と販売について、千葉玄治郎さん（1941年、ラ・コルメナ生まれ）は、「味噌や醤油に使った残りを出したら、コーヒーを作っている会社が買っていった。コーヒーに混ぜて、大豆コーヒーとして売っていたようです。」と語っている[7]。

　パラグアイ国内にラ・コルメナの名前を知らしめることになったブドウ酒工場が1951年に完成し、同年約3,000リットルのラ・コルメナ産ワイン「ラ・コルメニータ」を生産、アスンシオン方面へ出荷された。このブドウ栽培ブームにより、1953年以降、ラ・コルメナ移住地において換金作物としての大豆生産の記録は統計上に残されておらず、自給用の大豆栽培に戻ってしまった。

　第二次世界大戦が始まると、パラグアイ政府は連合国を支持し、1942年1月、日本と国交を断絶した。1943年、日本人の組織する団体の活動停止命令が出され、1945年3月にはラ・コルメナ移住地は在パラグアイ邦人の収容所に指定された。第二次大戦中、日系移住者は様々な制約を受け、日本語教育も農家の倉庫で隠れて行うなど苦難の日々が続いた。そんな中でも日系移住者は、日本の勝利を願って献金を行い、1943年5月、在アルゼンチン日本大使館領事部を通じて、祖国へ軍資金約20,000ドル相当を送金した。当時の苦しかった生活の中でもこれだけの金額を送金したことは、移住当初からの日系移住者の祖国への想いを強く表している。パラグアイ日系移住者による祖国への強い思いは、プロローグで紹介したように2011年の東日本大震災の際、「豆腐100万丁」というかたちで改めて祖国日本へ届けられることになる。

6）農林水産省 HP 大豆関連データ集
7）仙道（2014）

戦後の移住再開

1950年代前半、日本とパラグアイの両国において、日本人のパラグアイへの移住事業の再開を求める動きを受けて、1954年及び1955年にラ・コルメナ移住地へ9家族が入植した。1955年からチャベス移住地へ131家族、1956年アマンバイ県コーヒー農園の契約雇用移住者として137家族の移住、1956年から1961年にかけてラパス移住地（16,000ヘクタール、山手線面積の約2.5倍）には372家族の入植が行われた。1957年の日本・パラグアイの国交回復も受けて、パラグアイへの移住ラッシュは最盛期を迎えた。

移住当時の生活状況　　　　　　　　　　　　　　　　　　　　出典：イグアス農協50年史

1950年代になると日本政府は海外移住を国家事業として再開するべく準備を進め、1954年には日本海外協会連合会（以下、海協連）、1955年には日本海外移住振興株式会社（以下、振興会社）を発足させた。海協連は、日本における移住者の募集・訓練、移住者の送出し、移住先国での移住者受入や営農指導を担当した。他方、振興会社は、集団移住地の造成や分譲、移住者への融資を担当した。海協連は、1954年にパラグアイへの移住者送出しを再開し、1957年にはパラグアイ事務所を設置して日巴拓殖組合の業務を引き継ぎ、移住者の受入業務に従事した。振興会社は、1956年にパラグアイ事務所を設置し、集団移住地の

開設準備を開始した。[8] 日本政府は、1956年12月にアスンシオンに公使館（1961年10月には大使館へ昇格）を開設し、1959年にはパラグアイ政府と日本人移住者約85,000人の受入などを定めた移住協定を締結した。

図1-1 日系移住者の居住地毎の人口経年変化

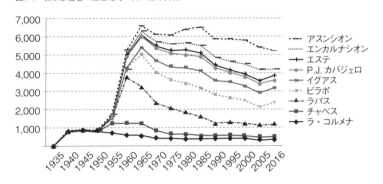

出所：「パラグアイ日本人移住70年誌」、パラグアイ日本人連合会データを基に筆者作成

入植期の壮絶な苦労

しかしながら、現地の受入体制や移住地の整備は十分には追いつかず、移住者は原始林の過酷な環境の中で、困窮した生活を強いられ、営農不振による多くの離農者を出した。小田俊春さん（1942年生まれ、広島県出身）は、1957年1月にフラム移住地に入植した。当時14歳だった小田さんは、その時の様子を今でも鮮明に覚えている。

「辺り一面はジャングルで、道なき道を進んで、原始林を開墾した。1年かけて3ヘクタールを手作業で開墾したが、その作業は半端ではなかった。蛮刀で切り拓き、火入れをした。自給用の大根、ネギ、タマネギ、ジャガイモ、キャッサバなどを作った。当時は作ったものが売れない時代だったので、現金収入がなく、とにかく困った。永年作の油桐、マテ茶は

---

8) 野口（2003）

お金になるまで10年は必要だったため、短期作の大豆に頼らなくてはならない状態だった。大豆は、入植して3年後から作ったが、作ったものが売れない時代だったので困窮した。それでも日本人の気質でじっとしていられなかったので、遮二無二に働いた。そうして4年後には100ヘクタールまで拡大することができた。」と語った。その後、小田さんは、エンカルナシオンに出て、商社勤めをしながら、必死に移住地に残った家族へ仕送りをした。様々な苦労を経て日本食レストラン「広島」を開業し、経営を受け継いだご子息によりレストランは大繁盛している。

1960年代の原始林の開拓　　　　　　　　　　　　　　　　出典：イグアス農協50年史

　1958年、フラム移住地ラパス地区への日系移住者は、移住地の窮状を訴える陳情書を作成し、日本の国会に提出したところ、マスコミでも大きく取り上げられ日本で広く知れわたった。これにより、戦後の農業移住のあり方が問い直され、移住地の環境整備、移住者の受入態勢、融資などの移住者支援策の強化が検討された。1963年には海協連及び振興会社が合併して特殊法人海外移住事業団となり、1974年からの特殊法人国際協力事業団を経て、2003年から独立行政法人国際協力機構（JICA）に引き継がれている。

　1960年にピラポ移住地（84,000ヘクタール、山手線面積の約13倍）、1961年にはイグアス移住地（88,000ヘクタール、山手線面積の約14倍）

が開設されたが、日本は1960年代に高度経済成長期に入り、パラグアイに限らず海外への移住者数は激減していった。ピラポ移住地は、当初2,000家族が入植する計画だったが、1966年までの間にわずかに328家族が入植したに過ぎなかった。[9] この結果、ピラポ及びイグアスの移住地には、大面積による機械化農業の展開を可能とする下地が残され、日系移住者による大豆生産の飛躍的な発展の歴史を振り返るうえで、一つの重要なポイントと考える。

2. 日系社会による大豆生産確立の歴史
大豆生産に辿りつくまでの様々な作目での試行錯誤

　日系移住地においては、入植以降、農家経営の基幹となる数多くの換金作物について試行錯誤が行われた。3移住地における取組みについてみてみたい。

　ラパス移住地には、1956年から1961年にかけて372家族の入植が行われ、原始林を切り拓きながら、小面積の耕地に大豆、綿花、雑豆などの短期作物を栽培し、当面の営農資金や生活資金を稼いだ。そして、経営の安定と発展を実現するべく永年作物主体の営農形態に試み、油桐、マテ茶、ポメロ（柑橘類）などの導入に取り組んだ。しかし、短期作物は長雨、干ばつ、雹などの被害を受けて減収となり、永年作物は低調な販売価格、病気の発生などにより、安定した農家経営の実現には至らなかった。「ポメロを数町（ヘクタール）植え付けしておけば、毎年、日本に行ける」と夢見ていたが、1967年に柑橘類に潰瘍病が発生し、農牧省によりすべての柑橘類の伐採処分が下ったことで、一夜にしてその夢は消えてしまった。[10]

　ピラポ移住地へ1960年に入植を開始した移住者は、焼畑農地に仮小

9）野口（2011）
10）ラパス農業協同組合（2012）

屋を建設し、自家用の野菜、キャッサバ、永年作物として油桐を植え、その間作として換金作物のトウモロコシ、綿、大豆、雑豆などを植えた。しかし、1960年代後半になって、油桐、マテ茶、グレープフルーツの販売価格が低迷し、これらの永年作物主体の営農形態が不可能となった。1970年代からは、大規模な機械化農業に向けて大豆の作付けが始まり、裏作としての小麦栽培が可能となったことから、油桐、マテ茶などの永年作物は次々と伐採された。養蚕は、1969年に新しい産業として導入され、養蚕講習会の開催などによる全国的普及活動が展開された。1970年には、海外移住事業団（当時）、海外経済協力基金（当時）、片倉工業、伊藤忠商事らが、乾繭への加工工場を操業するために、イセプサ社を設立した。同社が操業したことを受けて、1970年代後半にはパラグアイの14地域において約470戸の日系及びパラグアイ農家が養蚕に従事し、240トンの生繭を生産し、乾繭に加工したうえで日本へ輸出した。[11]

桑畑（写真左側）、イセプサ社の乾繭工場（写真右側）　　　　　　出典：イグアス農協50年史

　パラグアイ人小農対策として一定の評価を得ていた養蚕だったが、日系移住地内では大豆作のための農薬散布による蚕への悪影響、日中国交回復を受けた安価な中国産絹織物輸入増加対策としての海外からの絹

---

11) パラグアイ日本人会連合会（2016）、ピラポ日本人会（2000）

製品全面禁輸により、1983年にイセプサ社は閉鎖した。1970年代に入って油桐栽培が下火になったのを受けて、カプサ社がアカカラジャ地区で操業していた搾油工場や、海外移住事業団（当時）がエンカルナシオンで直営していた搾油会社カイシサ社も次第に油桐から大豆へ取扱いを切り替えた[12]。

　イグアス移住地へは、1961年にフラム移住地から14家族が転住し、トウモロコシ、大豆、各種野菜などの栽培を行った。当初は、自給も含め各種作物を生産したが、入植者が増加するにつれ、収益性と早期の換金が可能なトマト栽培に集中するようになった。販売は、アスンシオンの日系卸売商店に委託し、生産物を担保に生産資材や生活用品を商店から直接購入していた。1970年代半ばを過ぎるとパラグアイ人も含めたトマト生産者は急増し販売競争が激化した。時期によっては供給過剰から収益率が低下するようになり、「トマトはみんなの畑を回り、作付け時期を見たり聞いたりして、その端境期を狙って作らないと儲からない」と言われた[10]。

表1-1　パラグアイ日系移住地における導入作目の普及制限要因

区　分	制限要因	作目例
輸出作物	1.国際価格の暴落、低迷	油桐
	2.国際市場環境の急変（禁輸措置など）	養蚕（進出企業が撤退）
	3.国際競争力の低下（省力化の遅れ）	トウモロコシ、綿
	4.病害虫の発生	台湾桐、油桐（イグアス）
国内消費作物	1.市場の競合（国内市場が小さい）	野菜（トマト、メロン）、養鶏、果樹
	2.粗放的で収益性が低い	肉牛
	3.疫病発生の懸念	養豚

出典：永井　2000bの標記を一部改訂

　海外移住事業団は、当時、適作物の選定により産地化を図り、持続的な営農発展を可能とする基盤作りを移住事業としての農家経営の目標としていた。そのために、油桐、養蚕、肉牛、養豚など多くの作目の導入

12) イグアス農業協同組合（2012）

を推奨した。しかしながら、途上国における産地形成は、社会経済インフラの未整備、栽培技術やマーケットなどに関する情報入手の困難さ、加えてパラグアイ政府の支援が期待できないため、よほど条件が揃わなければ産地としての順調な発展は難しかった。[13]

イタプア県日系移住地における大豆生産の拡大とサンタ・ロサのパイオニアたち

イタプア県においては、1955年からチャベス移住地（1955年フジ地区、1956年ラパス地区、1957年サンタ・ロサ地区）、1956年ラパス移住地、1960年からピラポ移住地への入植が開始された。入植した日系移住者は、味噌、醤油、豆腐、納豆などの日々の食生活に不可欠な作物として、大豆を自給用栽培していた。自給用に栽培していた大豆の生育振りから、日系移住者は何とか換金作物にならないかという願望が強かったが、当時は大豆の販売ルートが確立されていなかった。そのような状況の中、サンタ・ロサ移住地の故・山脇敏麿さん（高知県出身、1996年没）は、当時のイタプア農協連により対日輸出の道を拓いた。1960年に日系移住者が生産した大豆が対日輸出を実現したことが、大豆の生産拡大のための大きな弾みとなった。それ以降、日系移住者による大豆栽培は飛躍的に拡大していくことになる。現在のラパス移住地は、今でも「大豆生産発祥の地」として大豆生産を継続している。

当時のサンタ・ロサ移住地において、山脇敏麿さんと共に、大豆生産の拡大に尽力した日本人移住者のうち、大豆の大規模生産の実践に尽力した故・泰泉寺貞光さん（高知県出身、1997年没）、大豆生産普及に尽力した故・久岡源二さん（高知県出身、1980年没）について、それぞ

対日輸出の道を拓いた
山脇敏麿さん
提供：山脇敏志氏

13）永井（2000b）

れの子孫の話から当時を回想する。

　泰泉寺さんの長男である泰泉寺清さん（1937年生まれ、高知県出身）は、21歳の時にパラグアイに移住したが、移住を最初に考えたのは貞光さんではなく、清さんだったという。また清さんは、当初から大規模面積による農業を志向していたが、その土地を購入することに多くの苦労を要した。当時を回想して清さんは、「移住してから10年ほど経った後、ドイツ系の大地主が土地を売っているという話を聞き、1,500ヘクタールの土地を購入した。ところが、長雨があってトウモロコシも収穫できず、大豆も腐って売れないということになり、土地代を返済するのが、大変だった。その危機を乗り越えられたのは、購入した土地にあった原木の販売だった。原木を伐採し、建築材として製材することで付加価値をつけ、エンカルナシオンからブエノスアイレスに販売した。これにより、土地代の返済を乗り切ることができた。」と語った。この広大な土地を活かして、泰泉寺家は家族経営で大規模大豆生産に乗り出す。この成果が認められ、1976年、ベジャ・ビスタ大豆祭において、当時のストロエスネル大統領から貞光さんは表彰された。

ストロエスネル大統領から表彰状を受け取る泰泉寺貞光さん　　　　　　　写真：著者

　久岡さんについては、同氏の長男である久岡寛さん（1941年生まれ、高知県出身）は、「パラグアイ日本人移住70年誌」において、「親父が

当時はやっと原始林を伐採した1.5ヘクタールの土地に、販売の見通しが立たない大豆を植えるのだからな。当時俺は16歳で親父の反対はできなかったし、まいったよ。だけど、今になって初めて、親父はすごいことをしたのだと。」当時を回顧している。源二さんの長女である山神好子さん（1947年生まれ、高知県出身）は、「父は、戦前に満州移住していた際に、大豆を生産していた経験を持っていた。サンタ・ロサに移住して、試しに大豆を栽培したら成長は良かったため、植え付けの時期と品種を選べば上手くいくという手応えがあった。」と当時を思い出して語った。また、同じサンタ・ロサ移住地の山脇敏麿さん、泰泉寺貞光さん、久岡源二さんは、3人とも高知県出身ということもあり、頻繁に集まっては大豆生産の拡大のために熱く語り合っていた。「父は、大豆生産の手応えを得た後、生産量を確保するためにも日本人移住者のみでなく、ドイツ人移住者やウクライナ人移住者への大豆栽培の普及に取り組んでいた。」と語った。これらの功績が認められ、1976年、ベジャ・ビスタで行われた大豆祭りで久岡源二さんは表彰された。

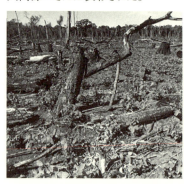 

初期の大豆畑（左側写真）、手作業での大豆収穫（右側写真）　　　　出典：イグアス農協50年史

　山脇さん、泰泉寺さん、久岡さんという3人のリーダーを中心として大豆生産に邁進したラパス移住地は、日系社会における大豆の商業生産のパイオニアとして、今日まで多くの貢献を果たしている。

第1章　日系社会が礎を作ったパラグアイの大豆生産

　山脇さんの努力と日本側の官民関係者の厚意で開かれたパラグアイ大豆の対日輸出は、以下の三つの理由により実はわずか2年間で閉ざされてしまった[14]。

　①1962年度の大豆は長雨のために品質不良で、日本輸出の品質格付けを満たさなかった。

　②この対日輸出を目標に大豆の量産体制が出来上がりつつあり、一定の数量が確保されれば大豆は搾油会社あるいは現地の輸出商社から注目と関心を寄せられた。これにより、高価ではあるが、規格の厳しい日本に敢えて輸出する必要がなくなった。

　③当時のパラグアイ産大豆は、むしろ搾油用に適し、タンパク質豊富な加工用大豆としての日本側需要とは異なるものだった。

　わずか2年で終了した日本への大豆輸出ながら、その意義は小さくなかった。具体的には、イタプア県で日系移住者によって輸出できる規模の大豆栽培が行われていることがパラグアイ国内外に周知されたこと、大豆が日系移住地の換金短期作物の中核を構成する流れをつくるきっかけになったと考えられる。1962年の全パラグアイの大豆生産量2,900トンに対し、日系農協による大豆生産量は2,400トンであり、実に83%を占めていたと記録されている。これにより、当時のパラグアイにおける大豆生産は、ほとんど日系移住者の手によるものであったといっても過言ではない。このような日系移住者による大豆栽培を見ていた近隣のドイツ人、パラグアイ人等は、他に適当な短期換金作物がなかったこともあり、1960年代後半から大豆を栽培するようになった。

移住、開拓、試行錯誤の50年間

　1954年の大統領選挙をめぐる国内の混乱を受けて、5月にストロエスネ

---

14) 青山（1996）

ル陸軍司令官はクーデターに打って出て、同年8月、大統領に就任した。1989年までの35年間の長きにわたって、コロラド党（通称赤党）の支持を受けつつ7度の再選を果たした。同大統領は親日家として知られており、「パラグアイを南米の日本にしたい」という考えを持っていたといわれている。日系移住地に頻繁に足を運び、様々な行事へ参加し、日系移住者と交流を深めた。また、当時、大統領の側近であったアグスティーナ・ミランダ女史は、ラ・コルメナ移住地創設に尽力したこともあり、日系移住者との架け橋の役割を担った。

1960年代半ばの日系移住者　　　　　　　　　　　　　　　　出典：イグアス農協50年史

　1986年の「パラグアイ日本人移住五十年史」にストロエスネル大統領は、「日系移住者は非常に誠実で勤勉であり、我が国の法律や伝統をよく重んじる模範的な人々です。」というメッセージに加えて、移住50周年の節目に日パ両国要人により確認された日系移住者による主な五つの成果として、以下を挙げている。

①未開の原始林を豊かな農耕地へ変えたこと。
②蔬菜園芸を導入し、技術普及をするとともに、パラグアイ人の食生活を改善したこと。
③大豆輸出の道を拓き、パラグアイの主要輸出産品に育てあげたこと。
④輸入に頼っていた小麦の自給を達成したこと。

⑤日系移住者と共に働くことで、パラグアイ人が日本人の勤労精神、生活規律などを学んだこと。

　①〜④により、パラグアイにおける日系移住者は農業における貢献が大きかったことが確認でき、さらに③により大豆輸出の道を拓いたこと、そしてパラグアイの主要輸出産品に育て上げたことを、日系移住者の貢献として認知している。

　1962年以降の大豆は、現地商社もしくはアルゼンチンの貿易会社に販売されることになり、パラグアイ国内における生産量拡大が進んでいく。しかしながら、当時の大豆生産の機械化は進んでおらず、世界5位の大豆生産国に達するには機械導入、栽培技術、病害虫対策など解決しなくてはならない多くの課題を乗り越えていく必要があった。これらの課題への日系移住者による取組みについては、次章以降で明らかにしていく。

参考文献・資料

青山千秋(1987)『パラグアイにおける大豆栽培発展の推進力となった日系人』パラグアイ日本人移住五十周年記念祭典委員会編「パラグアイ日本人移住五十年史 pp.168-170」パラグアイ日本人移住五十周年記念誌発行委員会

イグアス農業協同組合(2012)『イグアス農協50年史1961～2011(50 Años de Historia Cooperativa Yguazú Agrícola Limitada)』

仙道富士郎(2014)『遥かなる地球の裏側に夢を馳せた人々－南米パラグアイ在住日系移住者の声－』山形大学出版会

永井和夫(2000b)『パラグアイ日系農業者の発展と大豆栽培－経営基幹作目の模索から題材栽培の導入・定着－』国際協力研究Vol.16 No.2(通巻32号)国際協力事業団

野口明広(2003)『商品の流通と開拓移住地社会－南部パラグアイの日本人移住地の事例から－』アジア経済44(1)pp.63-92　アジア経済研究所

――――(2011)『パラグアイにおける日系社会(1)、(2)』田島久蔵・武田和久編著「エリア・スタディーズ86　パラグアイを知るための50章」pp.172-182　明石書店

農林水産省(2016)HP『大豆関連データ集』
http://www.maff.go.jp/j/seisan/ryutu/daizu/d_data/attach/pdf/index-5.pdf　2016年10月

パラグアイ日本人会連合会(2007)『パラグアイ日本人移住70年誌　新たな日系社会の創造　1936～2006』パラグアイ日本人移住70周年誌編纂委員会・パラグアイ日本人連合会

パラグアイ日本人移住五十周年記念誌発行委員会(1987)『パラグアイ日本人移住五十年史』パラグアイ日本人移住五十周年記念祭典委員会編

ピラポ日本人会(2000)『ひらけゆく大地　第4集　ピラポ移住地40年史』40年史刊行委員会

ラパス農業協同組合(2012)『ラパス農業協同組合40年誌／太陽とともに(40 años de historia de la Cooperativa La Paz Agrícola Limitada)』

Beatriz González de Bosio(2014)*Pedro Nicolás Ciancio –El introductor de la soja al Paraguay-*, El Lector

La Federación de Asociaciones Japonesas en el Paraguay(2016)*Evolución 80 años(1936-2016)*, La Federación de Asociaciones Japonesas en el Paraguay

| コラム① | 日本語学習を通じた日系アイデンティティの醸成 |

　2012年1月に日本で開催された「日系継承語セミナー」では中南米9カ国、合計19名が参加し、熱い議論が交わされ、「日本語教育の明日」という成果文書に取りまとめられました。その中に、ミッション（使命）として「日系継承語を通じ、日系としての誇りと自信を持った人格を育成する」という一文があります。

　日系アイデンティティの確立は、必ずしも日本語習得を前提とするものではありませんが、日本語を学ぶことにより、より深い日本文化の理解に至ることは容易に想像できます。また、日本語を学習する過程では、必然的に同世代が席を並べる機会も多くなり、日系という自覚が相互に浸透するとともに、いろいろな会話から当該国における日系社会の現状や将来のあり方等についても考えさせられる場面が多くなり、成長期の人格形成に日系としての重要なインパクトを与えるものと思われます。同時に、これらの機会を通して同世代の横のつながりだけでなく、世代を超えた多層的なコミュニケーションも活発化していきます。上記成果文書のミッション（使命）は、日本語を外国語として学ぶ非日系とは異なり、日系各個人のみならず日系社会にとっての日本語は語学以上ものであるということを示唆しています。

　そこで重要になるのが、優秀な日本語教師の確保です。いい先生の安定雇用が体系的で継続的な質の高い授業につながります。上記ミッション（使命）を念頭に、優秀な日本語教師の安定確保に向け、日系社会の次世代育成の最重要課題として検討していく必要があります。

　日本語教育はまずは各国の日系社会が取り組む課題ですが、日本からの日本語教師の派遣や日本への招聘は、日本、日本語への興味をさらに深めることにつながります。日本政府もJICA、国際交流基金等を通じて積極的な支援を行っていく必要があります。

北中　真人

第2章

大豆主要生産国への飛躍と
日系社会が果たした貢献

藤城 一雄

第2章 大豆主要生産国への飛躍と日系社会が果たした貢献

1. 大豆生産拡大の主役を担った日系農協

1970年代の大豆生産と日系社会の概況

　パラグアイにおける農業開発は、1970年代の経済成長においてGDPの34%を占めるまでに成長し、労働力の50%以上を雇用、輸出額の95%は農産品と農産加工品が占めるまでに至り、パラグアイ経済の基幹産業の位置づけを担うようになった。海外における需要増加と販売価格の上昇により、農業部門は1962 〜 1972年の年率2.5%から、1972 〜 1978年は年率7%以上に成長し、パラグアイ経済の成長エンジンとして重要な役割を果たした。その中で、輸出作物として主要な役割を担ったのが大豆であり、世界市場で競争力を有するまでに至った。

　1972年、パラグアイ政府による国家大豆計画が策定され、適性品種や栽培技術の普及、生産者への融資制度の充実などによる大豆増産が促進された。農牧省は、大豆主要生産地として、ラパス及びピラポ両移住地にサイロを建設し、大豆生産の基盤整備に取り組んだ。1972年後半から1973年にかけたシカゴ市場での大豆価格の高騰を受けて、パラグアイに大豆ブームが到来した。イタプア県のラパス移住地及びピラポ移住地、そしてアルトパラナ県のイグアス移住地は、それぞれ農業協同組合を設置し、大規模機械化農業のための基礎を整えるべく、農機具及び生産資材購入事業、抜根資金融資・大型農機具購入資金融資・営農資金貸付などの信用事業を拡充していった。

　1973年は、南米への移住事業においても大きなターニングポイントとなる年となった。1908年の笠戸丸以降、約24万人が移住船により南米にわたったが、1973年には最後の南米移住船ぶらじる丸がその役割を終えた。最後のぶらじる丸の乗船者は900人の定員に対して245名と少なく、ブラジル、アルゼンチン、ボリビア、パラグアイへの移住者だった。日本経済の高度成長により、南米への移住者の数は激減していき、移住事業の転換期となっていった。

43

この章では、1970年代以降、輸出品目としての大豆生産を実現するために乗り越えなくてはならなかった「大型機械化農業」の実現、「不耕起栽培技術」などの近代的農業の確立のために、どのように日系移住者が対峙、克服していったかを明らかにしていく。

パラグアイ農業開発で中心的役割を担う農協セクター

パラグアイは内陸国であり、立地面の不利から輸送コスト高は必至である。テラ・ロッシャと呼ばれる肥沃な赤土土壌、また年により変動はあるものの天水農業が可能な雨量、比較的起伏の少ない広大な農地面積などを活かした生産体系を確立することで、初めて世界市場で競争力を持った輸出作物の育成が可能になる。その意味では、大豆に関する近代的な生産体系の確立は絶対必要条件であり、生産性の効率向上、コスト削減を達成するためには大規模機械化農業の確立が必要となっていた。

パラグアイは憲法において協働組合の振興を謳っており、国立協同組合院（INCOOP）が監督官庁として機能しており、農業生産活動についてはパラグアイ生産者組合連合会（FECOPROD）[15]が40年以上にわたって大農のみでなく小農も包括するかたちで技術開発、融資などの事業展開を行っている。パラグアイ国内には約180の農業協同組合が活動し、組合員を対象とした技術指導、資機材共同購入、融資、生産物販売・輸出などを担っている。また、協同組合法により、毎年の利益の10%を教育基金として活用することを義務付け、組合員とその子弟、さらには周辺地域の住民への研修機会の提供、人材育成の促進に努めている。パラグアイ農業において農協が果たしている役割は非常に大きく、パラグアイにおける農業・農村開発事業は農協が中心となったモデルといえる。

15）FECOPRODは、パラグアイ国内の32の農協により構成される連合会であり、日系4農協も所属している。http://www.fecoprod.com.py/

日系農協中央会と五つの日系農協

　日系移住地においては、日系農協が農業・農村開発の中心的な役割を担い、日系移住地の農業振興は日系農協なしには実現が困難だったといえる。日系農業協同組合中央会は、パラグアイの協同組合法に基づいて1980年に設立された日系農協の連合会であり、現在は、五つの日系農協（①コルメナ・アスンセーナ農産業協同組合、②アマンバイ農業協同組合、③ラパス農業協同組合、④ピラポ農業協同組合、⑤イグアス農業協同組合）が加盟している。なお、2011年3月に発生した東日本大震災の未曽有の被害に対して、日系農協中央会及び五つの会員農協は合計で11万ドルもの義援金をJA全中に送金し、祖国の復興に貢献したことを付言したい。

①コルメナ・アスンセーナ農産業協同組合

　ラ・コルメナ農協は、1948年に設立され、綿花生産の後、トマト、ジャガイモ、タマネギなどの野菜生産、さらにはブドウ、モモ、スモモなどの果樹生産とブドウ酒製造・販売などを行った。アスンセーナ園芸協同組合は、1964年に設立され、トマト生産とアルゼンチンへの輸出、アスンシオン市内での野菜直売所運営などを行った。両農協の経営・維持が困難になったことを踏まえ、2004年に合併し、コルメナ・アスンセーナ農産業協同組合として設立し、「一緒に考え、一緒に働き、一緒に平和で連帯感のある社会を目指す」をモットーに運営している。[16]

②アマンバイ農業協同組合

　1958年に942名がジョンソン耕地に入植したが、翌年、甚大な霜被害によりコーヒーが壊滅的な被害を受け、ジョンソン耕地農業協同組合は破産宣告を受けた。自営開拓農業を目指すべく日系移住者は団結し、1960年アマンバイ農業協同組合が設立され、翌1961年に正式認可された。

16）日系農業協同組合中央会（2012）

当初はコーヒー栽培を中心としたが、1966年の霜害により深刻な経営不振に陥って以降、柑橘類、養蚕、台湾桐などの試行錯誤を経て、1990年以降は大豆・小麦を主要作農産物とした大型機械化農業へ移行するに至った。

③ラパス農業協同組合

ラパス市では、1955年の入植以降、4移住地がそれぞれで農協を設立し運営していたが、厳しい生活環境に見切りをつけて転出するものが続出し、組合員数が減少した。1970年、イタプア県下の4農協（チャベス、フジ、旧・ラパス、サンタ・ロサ）の合併によりフラム農業協同組合（1988年にラパス農協に改称）が誕生し、主に大豆、小麦、油桐、生繭、トウモロコシなどを取り扱った。1970年代には急速に大規模・機械化農業が進み、1980年代には大豆と小麦の一大産地を形成することに成功した。種子サイロ、穀物サイロ、小麦製粉工場に加えて、飼料工場の稼働と肉牛生産の模索、スーパーマーケットの経営などを順次展開している。

④ピラポ農業協同組合

ピラポ市では、1960年に入植が開始され、同年にアルトパラナ農業協同組合が設立された（1974年、定款を改正し、ピラポ農業協同組合に名称変更）。入植直後から、大豆、綿花、トウモロコシが中心に生産が開始され、一時期は養蚕や油桐が盛んに実施されたが定着には至らなかった。1970年代後半からは、夏作の大豆、冬作の小麦という生産体系が定着し、その後の重機械導入による農地整備が進み、大規模生産地を形成することに成功した。また、穀物貯蔵サイロ、種子サイロ、ガソリンスタンド、スーパーマーケットの経営にも乗り出している。

⑤イグアス農業協同組合

1961年、フラム移住地から14家族がイグアス移住地に転住し、「イグアス農産業協同組合」の創立に取り組み、1965年に認可された。1965年には、日系農家16名により「拓進ジョポイラ農産業協同組合（ジョポイラ

農協）」を設立した。当初は、トウモロコシ、大豆、トマト、スイカ、鶏卵などの生産に取り組み、アスンシオンへの販売ルートの開発にも注力した。両農協は販売事業や購買事業の合同化をきっかけに1970年に合併したものの、1980年には資金繰りの問題から深刻な経営不振に陥った。様々な再建の取組みの結果、1990年代には機械化畑作農業が確立され、大豆、小麦、トウモロコシが全生産高の9割以上を占めるようになった。また、穀物サイロ、製粉工場のみでなく、スーパーマーケット、ガソリンスタンドなどの経営にも乗り出し、経営の安定化を図っている。

2. 日系農協により牽引された機械化大豆生産
日系3農協における1970年代の大規模機械化農業の展開

　1970年以降、日系移住地において本格的に大規模機械化農業による大豆栽培が展開していった。その展開について、日系農業協同組合が担った役割に焦点をあてつつ、三つの農協で行われた抜根・整地作業、共同購入、信用事業などについてみていきたい。

　①ラパス農協では、1970年代、原油価格の高騰による大豆相場の上昇が契機となり、組合員の主幹作物は、大豆栽培を中心とした大型機械化農業へ移行していった。農協の事業として、海外移住事業団（当時）から無償貸与を受けた2台のブルドーザーによる抜根作業が開始された。組合員は、穀物生産に必要とする農機具、生産資材などの購入が多くなり、農協は、大型農機具購入資金や営農資金貸付などの信用事業を拡大していった。

　②ピラポ農協では、1972年、ピラポ農協の新規事業として、海外移住事業団（当時）からブルドーザー2台及びトラクター3台の貸与を受けて抜根及び整地作業を開始した。当初は、オペレーター養成や度重なる故障発生などの課題があったが、これらを乗り越え、農協の自己資金にさらに2台のブルドーザーを追加購入し、栽培面積の拡張と機

械化を進めた。1974年には、大豆生産量は10,000トンを超え、1977年には18,000トン弱を生産するまでに至った。1992年まで続いた重機利用事業で、新規に原始林を開発し、数年おきにしか利益を生まない永年作の油桐に見切りをつけ、畑を抜根し農地を広げた結果、1993年にはピラポ農協の大豆取扱量は初めて40,000トンを超えるまでに至った。

③イグアス農協では、畑作への経営転換においては、面積拡大、トラクターが稼働可能な圃場整備（抜根、倒木整理）、トラクター及び播種機などの大型農業機械の導入が不可欠だった。海外移住事業団（当時）は、日系農家の厳しい経済状況からの脱却には、面積拡大と機械化営農への転換が必要と判断し、機械利用組織の結成を働きかけた。また、若手農家を対象に、ブルドーザーやトラクターのオペレーター養成研修なども実施された。海外移住事業団から、ブルドーザー3台、トラクター4台及び付属アタッチメントが貸与され、圃場整備と面積拡大を進め、機械化農業に踏み出していった。1970年代後半になると、機械化畑作農業の機運が高まり、農協所有の機械だけでは需要を満たせなくなり、JICAや個人業者に依頼したブルドーザーによる抜根が盛んに行われた。1970年代前半に約1,000トンだった大豆生産量は、1970年代後半には約4,000トンに増加し、農協の販売取扱品目の中では圧倒的な数量になっていった。

ピラポ移住地における大規模機械化農業実現までの一例

　ピラポ在住の西舘世公さん（1948年生まれ、岩手県出身）は、15歳の時パラグアイで大地主になることを夢見て、家族を説得したうえで翌年パラグアイへ移住した。テント小屋生活での原始林伐採から始まり、50年以上にわたってピラポで農業に従事し、様々な困難を乗り越えて380ヘクタールもの地主になることを実現した。西舘さんは、「入植した当時（1964年）

は永年作物として奨励されていた油桐の価格が暴落し、生活苦になる農家が続出し、アルゼンチンに転住していく"いわゆるブエノス病"が流行した時期だった。1981〜1982年には養蚕が奨励され専業農家もあったが、乾繭への加工工場を運営していたイセプサ社が1983年に閉鎖したことから販売先を失ってしまった。そして1980年代には機械化大規模農業による過剰投資が問題になり、経営が苦しくなる農家が続出した。当時の小田義彦組合長は、パラグアイ政府に新しい機械化導入のための支援を願うだけでなく、二度にわたって日本にも陳情に行った。農協の組合員の命である農地を担保に預かり、国立勧業銀行総裁や農牧大臣にどれほど繰り返して窮地を訴え、日系移住地の存続を賭けた折衝を行ってきたかは、知る人ぞ知るであった。」と語った。また、「パラグアイ政府は、超インフレ対策として為替に公定レート設定し、輸入農業資材や農機具、また農業のドル建て債務には公式レートを適用し、輸出農産物大豆の精算には自由相場を適用するという、生産者優遇の農業振興政策を打出し、断行した。日系農家は、パラグアイ政府と日本政府の二つの政府からの支援を受けて、今があることを忘れてはならない。」とも語った。

初期トラクターによる耕起(左)と初期コンバイン(右)　　　　　　出典：イグアス農協50年史

ピラポ移住地における1戸当たりの平均土地所有面積は、図2-1のとお

BOX 2-1 | JICAによる日系社会への研修機会の提供

　JICAは、日本の地方自治体、NGO、大学、公益法人、民間企業等が持つノウハウ・経験を活かし、中南米の日系人を研修員として受入れて技術研修を実施する「日系研修事業」を行っており、医療、福祉、農業、教育等の分野で受入を行っている。中南米の日系人への技術協力を通じて国づくりに貢献し、また、日系研修員の受入を通じ地域が主体となる中南米日系社会への支援を実現するとともに広範な市民参加を促進することを目的としている。2019年度の対象国は、アルゼンチン、キューバ、コロンビア、チリ、ドミニカ共和国、パラグアイ、ブラジル、ベネズエラ、ペルー、ボリビア、メキシコの11カ国となっており、年間約140名程度を対象としている。

　パラグアイの日系社会を対象とした日系研修により、1971年から現在まで、延べ人数421名の日系移住者が日本の研修に参加した。その研修内容は多岐にわたり、農業、日本語教育、保健医療、高齢者福祉などが多くを占めている。

　農業分野は124名（全体の29.3%）となっており、パラグアイ日系社会が抱えるニーズに応えるべく農協経営、農業機械、果樹栽培に加えて、生活改善、農村婦人、農産物加工などの内容となっている。特に、1970年代の日系研修員26名のうち実に73.1%が農業分野を受講し、農協経営、畜産、養蚕、食油精製などに関する日本の技術・経験を習得し、パラグアイ日系社会による農業開発の礎を築くことに貢献した。また、日系農協の強化を通じた農業開発の推進を図るべく、1985～1996年にわたって「日系中堅移住者技術向上研修」へ12名、1999～2017年までに「日系農協幹部研修」へ44名もの日系研修員を受入れ、日系人の人材育成に協力している。

出典：JICA HP（2019年）、JICAパラグアイ事務所データ

り。ブルドーザーなどの重機・大型農業機械の導入時期と、所有面積の増加時期は符合しており、1990年代以降は開墾地が占める割合が増加していることが理解できる。

図2-1　ピラポ移住地における1戸当たり平均土地所有面積（ヘクタール）

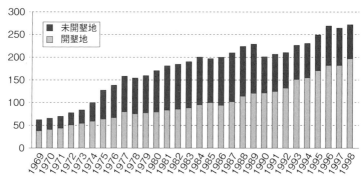

出所：ひらけゆく大地　第4集　ピラポ移住地40年史（2000年）

　高橋幸夫さん（1961年、ピラポ生まれ）は、近隣のオブリガード市の高校を卒業した後、1983〜1985年までJICA研修により農業機械整備を学んだ。「1年目は愛媛県内で研修を行い、県農業試験場（現・愛媛県農林水産研究所）や久万農業協同組合（現・松山市農業協同組合）農機具センターが中心だった。2年目は、北海道の帯広にあるクボタでトラクターの運転・整備について学ぶことができた。2年間で農業機械について多くのことを学ぶことができ、今でもその知識は役立っている」と語っている。高橋さんは研修で身につけた農業機械の知識を活かして、パラグアイへ戻った1985年以降、ピラポにおける機械化農業の推進に取り組んだ。またその後、2005〜2007年、2009〜2012年までピラポ農協の組合長を務め、ピラポ農業の発展に貢献した。

大豆の大型機械化農業が実現された要因

　ここまでに、ラパス農協、ピラポ農協、イグアス農協において1970年代

に実現した大豆の大型機械化農業の経緯を述べてきた。これらを踏まえ
て、大型機械化農業を実現させた要因として4点（①海外移住事業団（当
時）からの農協へのブルドーザー貸与、②パラグアイ国内及び国際市場
における大豆需要の増大、③1972年にパラグアイ政府により策定された国
家大豆計画、④1972年から1973年にかけたシカゴ市場での大豆価格高
騰）が考えられる。[17]

①海外移住事業団（当時）からの農協へのブルドーザー貸与：前述
のとおりラパス農協には2台、ピラポ農協には2台、イグアス農協に
は3台のブルドーザーが貸与され、抜根作業を急速に進捗させ、販
売に困難を抱えていた永年作物から大豆への転換が飛躍的に増大
した。

②パラグアイ国内及び国際市場における大豆需要の増大：カプサ社
が、1970年にカピアタに新型搾油工場を建設し、大豆搾油業に積
極的に乗り出したことから、パラグアイ国内の大豆需要は増大した。
また、1960年代から国際市場でも大豆の需要は増大し、市況も高
まった。カプサ社をはじめとする国内搾油業者は、国内の原料大豆
を安価に買い入れるために農牧省及び商工省に対して、国内産大
豆の輸出禁止を求めた。大豆生産者は従来どおりの輸出継続を求
めて対抗したが、1970年から1974年までパラグアイ産大豆の輸出は
禁止された。パラグアイ政府により、1971年は生産予測量60,000トン
のうち、12,000トンが輸出を含む自由取引、残りの48,000トンが国内
取引に割り当てられた。なお、自由取引の12,000トンのうち、実に6,500
トンをイタプア農協連が取得していた事実から、当時の大豆生産へ
の日系移住者の高い貢献度を確認することができる。

③1972年にパラグアイ政府により策定された国家大豆計画：パラグアイ

17）野口（2000）

政府は、適性品種や栽培技術の普及、国立勧業銀行による生産者融資の拡充、乾燥機付き穀物サイロの建設などを通じて、1975年までに年間生産量を1972年のおよそ2倍となる約21,000トンまで大豆生産を増大させる目標を掲げた。農牧省によるラパス移住地及びピラポ移住地への穀物サイロ建設もこの国家計画の一環であり、1975年に竣工した。これらの穀物サイロによって、大豆の乾燥や保管が容易になり、腐れなどの損失を少なくし、より確実に生産物を換金できるようになった。

④1972年から1973年にかけたシカゴ市場での大豆価格高騰：1972年米国の大豆生産は天候不順によって減少し、大豆価格が高騰した。1973年6月のシカゴ市場における大豆価格1ブッシェル（大豆の場合は約27.2キログラム相当）当たり12.12ドルは、2008年までの史上最高値を記録した。国内の大豆供給不足と価格高騰に対し米国政府は1973年に大豆、綿実などの輸出禁止を行った。米国の禁輸に最もダメージを受けたのは、米国からの大豆輸入に大きく依存していた日本であった。日本は食糧確保のために海外に安定した供給先を求めた。その延長として大豆栽培を主な目的としたブラジルのセラード開発の協力へとつながった[18][19]。

機械化農業を積極的に導入するためには、多額の資金が必要だったが、1975年頃から資金繰りに苦しむ日系農家が出始め、負債は農協に持ち込まれたため、農協が対応を迫られる状況となった。1977年、シカゴの大豆相場のさらなる高騰を見込んで待ちに入ったが、その後価格は急落し、高値販売の好機を逃す事態となった。この時期は、穀物価格の低迷、天候不順による被害、金利高騰などにより、負債が拡大し、農地を手放して転出する日系農家が続出した。残った農家は、転出者の農地を

---

18) 本郷・細野（2012）
19) 小池（2006）

購入したことから、大規模機械化農業に適合する栽培規模を確保する結果となった。

1970年代初期に導入されたトラクター　　　　　　　　　　　　　　　出典：イグアス農協50年史

図2-2　日系3農協の大豆生産量の推移

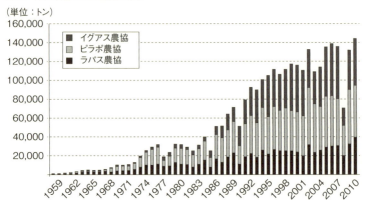

出所：日系農協中央会（2012年）

また、この時期、農家経営の安定のために多くの日系農家が小麦栽培を開始したが、これには三つの利点が考えられる。一つ目は、大豆の裏作として冬に小麦を栽培する二毛作により、1年のうちに2回収入を得ることができ、資金繰りが楽になったこと。二つ目は、大豆栽培で導入した農業機械を小麦栽培にも使用することにより、効率的な機械活用が可能と

なったこと。三つ目は、パラグアイ政府が1977年に第二次国家小麦計画を実施したため品種や技術へのアクセス、生産者価格保証、国立勧業銀行を通じた融資が推進されたことだった。[20] これらの利点を活用しつつ、栽培技術の改善及び収穫物流通の克服に取り組んだことにより、大豆及び小麦の二毛作による安定した農家経営の基礎が構築されていった。

　ラパス農協組合長、日系農業協同組合中央会の会長を歴任してきた後藤吉雅さん（1950年生まれ、広島県出身）は、「日系農家は、他のドイツ系、ブラジル系の農家と比較して、1戸当たりの平均耕作面積が大きく、借地を行う必要がないために農業経営が安定しやすい。これは、移住事業団による土地分譲と、土地購入のための融資によるところが大きい。」と証言している。パラグアイにおいて多くの大豆生産農協が加入しているFECOPRODの2015年の加入農協に関するデータによれば、FECOPROD加盟農協の1農業従事組合員あたりの所有農地面積の平均は62ヘクタールだったのに対して、日系3農協（ラパス、ピラポ、イグアス）の平均は289ヘクタールと4倍以上になっている。

3. 日系農家による持続的農業モデル開発：「拓く農業」から「守る農業」への転換

持続的な農業生産確立への危機意識

　1970年代以降、日系農家による大型機械も導入した大規模な畑作栽培が展開され、大豆・小麦の二毛作により経営はある程度安定したようかに見えた。しかしながら、従来の深耕を繰り返す耕起栽培には自ずと限界があり、土壌の疲弊や浸食の問題が深刻化していった。原生林の伐採、機械化農業による規模拡大という「拓く農業」から、開拓済みの農地を持続的に管理していきながら収益を上げていく「守る農業」への転換が

---

20) 野口（2003）

求められた。イグアス農協の組合長も務めた故・深見明伸さん（高知県出身、2013年没）の言葉[21]が、当時の危機意識を良く物語っている。

- 「農業を営むものにとって、土壌は大切な財産です。」
- 『「農業を末代まで続けていく」という固い意志、そして「自分の代だけでなく、子の代、孫の代まで自分の土地は自分で守っていく」という強い信念を持つことが大切です。』

周辺国での不耕起栽培技術とパラグアイへの導入開始

　畑作農業が盛んな南米地域の国々においては、1970年代に「不耕起栽培」の技術が導入・実用化に至っている。全パラグアイ日系人不耕起栽培研究組織協議会は、不耕起栽培を、「畑をアラード（土壌を耕起する農機具）ですき起こすことも、またディスコ（皿状の円盤により砕土、鎮圧、整地を行う農機具）で整地することも行わず、前作を刈り取った後地にそのまま次の作物を作付け、除草のための中耕も行わない栽培法（ただし、播種の際に播種耕のみは必然的に条耕される）」と定義している。

　ブラジルが南米における不耕起栽培が最初に行われた国である。1971年、パラナ州ロンドリーナとポンタグロッサにあった当時のブラジル農牧省南部試験場で試験に着手し、1970年代後半には不耕起栽培の実践農家数と栽培面積はかなりの数に達した。アルゼンチンでは、国立農業試験場が1975年頃から試験を開始し、1975～1976年の大豆作付から本格的な普及を開始したと記録されている。チリでは、1978年、トウモロコシ－小麦体系で不耕起栽培が開始され、国立農業試験場の研究成果を元に普及が進められた。これらの南米の先進例では、中央政府の試験場が不耕起栽培の技術開発・普及に大きな役割を担ったことを確認できる。

　パラグアイにおける不耕起栽培の試みは、これらの国々よりも遅れて

21）全パラグアイ日系人不耕起栽培研究組織協議会（1993）

1980年代となる。日系移住地に始まり、日系農家が牽引役となって普及してきた経緯をみていきたい。パラグアイで最初に不耕起栽培に着目したのは、パラグアイ農業総合試験場（CETAPAR）アルトパラナ分場だった。1979年、ブラジル国サンパウロ州カンピーナス農業試験場の宮坂四郎博士から不耕起栽培の情報を得たことをきっかけとして、1980 ～ 1984年の5カ年にわたって各種耕転法の比較試験を実施し、不耕起区の収量は耕起区と比較して劣らないという試験成果を得た。これにより、畑作の土壌保全には不耕起栽培が最も有効であるとCETAPARは考え、1982年から3カ年にわたって先進地ブラジルから専門家を招いて、日系移住地において不耕起栽培の啓蒙のためのセミナーを開催した。

日系農家による不耕起栽培への着手

　このような中、日系農家が不耕起栽培に踏み切る大きな出来事が発生した。1982年11月、イグアス移住地を襲った集中豪雨は、気象観測史上最大の月間481ミリメートルを記録し、大豆畑では大規模な土壌浸食が発生した。大豆播種のために耕起中の畑はもとより、すでに大豆が播かれた畑からも土壌と共に種子や出芽した幼植物が流出し、播き直しや作付け放棄が続出し、大きな被害を蒙った。これを契機として、イグアス移住地の故・窪前勇さん（愛媛県出身、2014年没）が1983年冬作小麦から不耕起栽培に着手した。同移住地の深見さんは、次年の夏作大豆から160ヘクタールもの本格的な不耕起栽培を実践し、初年度から大豆収量は耕起栽培と変わらず、好成績を得た。深見さんは、翌年には機械化が可能な全面積200ヘクタールに不耕起栽培を拡大し、近隣農家を上回る収量をあげた。このように率先して不耕起栽培を実践し、好成績を得たことが強い説得力となり、イグアス移住地の日系農家による不耕起栽培は一気に

進展した。[22]

　パラグアイにおける不耕起栽培の普及に果たしたイグアス移住地の日系農家の貢献は大きい。当時、イグアス農協組合長だった深見さんは、1987年、全パ日系不耕起栽培研究組織協議会を立ち上げ、CETAPARの協力を得ながら、ブラジルへの不耕起栽培視察、国内における研修会、そして不耕起栽培の実態調査などを実施し、積極的に不耕起栽培の普及に尽力した。

　1980年代にはイグアス移住地が中心の不耕起栽培だったが、土壌浸食防止に大きな効果があり、収量も耕起栽培と変わらないとの認識が定着したことから、1990年代の初頭には、ラパス及びピラポ移住地にも広く普及するようになった。このような日系移住地における不耕起栽培の成功により、ドイツ系農家、ブラジル系農家、パラグアイ人農家へも徐々に不耕起栽培は普及していった。深見さんは、2013年に他界したが、同氏の長男深見忠伸さん（1974年、イグアス生まれ）は、父 明伸さんによる不耕起栽培について、「父はA型人間で、性格的に几帳面だった。これは、不耕起栽培を進めるうえでの大きなポイントの一つである雑草管理についてもいえた。父は徹底して雑草管理、特にイネ科の雑草の処理を行ったこと

ガルシア農牧大臣（当時）の視察を受ける不耕起栽培の伝道師　故・深見明伸さん（写真中央）
出典：イグアス農協50年史

不耕起栽培の成果を報道する現地紙

写真：著者

22）関（1999）

が不耕起栽培の成功の理由だったと思う。」と語っている。

イグアス農協前にある不耕起栽培パラグアイ発祥の地の記念碑
写真：著者

3 移住地への不耕起栽培の導入、定着

　全パラグアイ日系人不耕起栽培研究組織協議会では、イグアス、ピラ
ポ、ラパスの日系農家代表者8名が不耕起栽培を導入するきっかけにつ
いて証言を記載している。主な証言の抜粋を列記する。

- 1982年の大雨で畑から大量の土壌が流された。これ以上慣行栽培
　を続けていたら、子の代には農業ができなくなると思い、土壌浸食防
　止効果が高いと思われる不耕起栽培に踏み切った。

- 慣行栽培では毎年のように播種前の耕起作業に手間取り、適期播
　種ができず充分な生育日数と収量を確保できていなかったため、天候
　に左右されずに適期播種が可能な不耕起栽培に踏み切った。

- 以前は等高線テラスをつくり土壌浸食対策を行っていたが、この方法
　では土壌浸食を防止できなかったうえに、毎年修繕が必要。そのた
　め、土壌浸食防止効果が高くコストのかからない不耕起栽培を開始
　した。

- 慣行栽培に比べて作業量・機械投資が少なく、適期播種かつ高収
　量が可能な不耕起栽培に魅力を感じて、導入に踏み切った。

不耕起栽培で順調に成長する大豆　　出典：イグアス農協50年史

表2-1　パラグアイ日系農業者による不耕起栽培普及年表

年	主な動き
1979	・CETAPARがブラジルから招いた畑作専門家（カンピーナス農業試験場　宮坂四郎博士）から、不耕起栽培の情報を得る
1980	・CETAPARアルトパラナ分場で不耕起を含む耕種法に関する試験を開始（～1984）
1982	・CETAPARがブラジルより専門家を招き、不耕起栽培の紹介及び啓蒙活動を開始（～1984） ・未曽有の集中豪雨（11月）による表土流出のため、大豆の播種に失敗
1983	・イグアス移住地の窪前勇氏が小麦作で不耕起栽培に着手
1984	・イグアス移住地の深見明伸氏が大豆作で本格的（160ヘクタール）な不耕起栽培を実践
1986	・CETAPARがパイロットリーダー育成研修制度を活用し、日系農業者の代表によるブラジル不耕起栽培視察を開始（～1988）
1987	・全パラグアイ日系人不耕起栽培研究組織協議会が設立（イグアス、ピラポ、ラパス、チャベス地区から90名が参加）
1988	・CETAPARにおいて不耕起栽培の研修会を開始（以降毎年、夏季・冬季の年2回開催） ・不耕起栽培研究組織協議会とCETAPARが協力し、不耕起栽培の問題点を把握するための実態調査を開始 ・日系移住者圃場の約10％に大豆の不耕起栽培が導入
1992	・干ばつ年であったが、不耕起栽培圃場での収量減の少ないことが確認 ・CETAPARが試験研究結果に基づく不耕起栽培技術情報を普及資料として作成 ・日系移住者圃場の約25％に大豆の不耕起栽培が導入
1993	・農牧大臣一行がCETAPARが開催する不耕起栽培研修会の開講式に臨席 ・不耕起栽培研究組織協議会を発展的に解散し、9月1日付けをもって全パラグアイ永続農法研究会が発足（会員130名）
1994	・日系移住者圃場の約75％の大豆が不耕起栽培となる
1995	・永続農法研究会とCETAPARの共催で、「3t取りの大豆不耕起栽培技術」と称して、全パラグアイを対象とした講習会を開催（400名参加）

出所：永井（2000a）．松田（1995）．全パラグアイ日系人不耕起栽培研究組織協議会　1993により一部改訂

4. パラグアイ農業総合試験場（CETAPAR）のこれまでの役割と将来

日系農家による持続的農業モデルに果たしたCETAPARの役割

　日系農家の営農状況の推移に伴い、そのニーズに応えるべく試験研究課題（大豆新品種の育成、大豆不耕起栽培技術の確立、輪作体系の確立、肉牛肥育技術の確立、野菜栽培技術の確立など）も推移し、営農指導・普及活動も相まって、CETAPARは、日系人農家の営農基盤形成に大きく貢献した。日系人農家の定着と安定が図られたことに伴い、CETAPARの裨益対象を日系人農家に限らず広くパラグアイ人農業技術者・農家に拡大し、パラグアイの農業レベルアップに貢献するべく技術協力を展開した。48年間にわたる事業のうち、日系農家及び大豆生産に関する主な取組みについて振り返る[23]。

（1）日系農家の人材育成（1963 ～ 2010年）

　入植当初、農業の知識・技術を習得する場がない日系農家の青年層を対象として、営農技術やパラグアイの文化などに関する講習会を開催した。その後は、「農村青年講習会」や「パイロットリーダー育成研修会」を開催し、日系農家の人材育成に貢献した。その成果として、受講者が現在の日系社会の中堅として活躍している。

（2）農業研究グループの育成（1963 ～ 2010年）

　農家の時代ニーズに応じた多くの農業研究グループ（養豚部会、養蚕研究会、台湾桐研究会、稲作研究部会、養鶏部会など）の組織化と育成に取り組み、日系農家が自ら農業を考えるための動機づけに貢献してきた。なお、CETAPARが育成した研究グループは、次のとおり。

- 全パラグアイ永続農法研究連絡協議会（この協議会が非日系も含めた全パラグアイ組織（法人）FEPASIDIASへつながる）

23）JICA パラグアイ事務所（2010）、JICA パラグアイ事務所（1988）

- 全パラグアイマカダミアナッツ研究協議会
- ピラポ農業研究グループ
- イグアス肉牛部会
- イグアス野菜・果樹部会

(3) 安定多収大豆品種の選定・普及 (1963 ～ 2010年)

1963年にアルトパラナ指導農場で大豆品種の試験研究を開始してから、継続して安定生産が可能な大豆品種の選定試験を行い、ブラジルなどから導入された材料からSanta Rosa、Hampton、Bragg、Parana、Viçoja、CTS-78、Pirapo-78、BR-4、Iguaçuなど多くの有望品種を選定し、日系移住地の主要品種として普及を図った。その後、1992年にパラグアイ国内で初めてダイズカンクロ病の発生が確認された。それまでに栽培されていた品種は抵抗性がなかったため、日系移住地のみならずパラグアイ全体の大豆生産に大きな打撃を与えた。CETAPARで導入・選定中のBR-16が同病害に抵抗性を示したことから、1993年に日系移住地に普及した結果、一時はパラグアイ国内の大豆栽培面積の約30%まで普及した。1996年にはCD-202を普及し、1998年にはJICA技術協力プロジェクト「主要穀物生産強化プロジェクト」によって育成され、CETAPARでの地域適応試験結果をもとにアルトパラナ県地域向け品種として選抜されたアウロラをイグアス農協と連携して普及した結果、普及開始後4年目で同農協組合員の全大豆栽培面積の3分の1を占める主要品種となり、遺伝子組み換え大豆品種が主流となった後も非遺伝子組み換え大豆の食用向け品種として栽培し続けられた。同品種は他の品種に比べタンパク含量が多いことから、日本市場へ食糧大豆（豆腐用）として、生産量の一部が輸出されている。

(4) パラグアイにおける不耕起栽培技術の導入・実証・普及 (1980 ～ 2010年)

パラグアイにおいて不耕起栽培はすでに定着しているが、1981年にアル

トパラナ分場がパラグアイにおいて初めて不耕起栽培に関する試験研究に着手したことは前述のとおりだ。そして、1983年、イグアス移住地の深見さんが実践技術として取り入れ実証したのをきかっけにして、研修会、先進地視察、技術マニュアル作成などを通じた普及を日系農家と共同で展開した。なお、日系農家で組織された「全パラグアイ不耕起栽培研究組織協議会」の活動が核となり、「全パラグアイ永続農法研究連絡協議会」の組織化へとつながった。不耕起栽培は耕起を常識とする栽培技術を覆す技術であるが、2009年時点ではパラグアイの主要穀物生産地帯における不耕起栽培の実施率は95％以上を占めるに至った。

2007年に実施された日系農家へのアンケート調査では、CETAPARの具体的な成果の一つとして、不耕起栽培技術の確立についての貢献を挙げられたことからも、この成果の重要性を確認することができる。

全パラグアイ日系不耕起栽培研究組織協議会の圃場視察
出典：イグアス農協50年史

(5) 農牧輪換システムの開発（1993 〜 2010年）

CETAPARにおいては、畑作の持続的発展を目指した農牧輪換システムの開発に取り組み、そのための試験はCETAPAR − 国際農林水産業研究センター（JIRCAS） − 農牧省畜産研究・生産局 − 国立アスンシオン大学農学部と共同で実施した。パラグアイにおける農牧輪換の取り組みは本試験のみであり、これからの研究成果の普及が期待されている。

（6）土壌保全技術の普及（1996 ～ 2000年）

　農牧省（普及局、農業教育局など）、小農金融公庫、勧業振興銀行、NGOの技術者を対象として、約1カ月間に及ぶ不耕起栽培を核とした土壌保全に関する現地国内研修会（第二国研修）を5年間にわたり実施し、148名の人材育成を図った。

（7）畜産補助飼料としての大豆屑（くず）の普及（1999 ～ 2010年）

　大豆屑はこれまで穀物サイロで多量に排出され廃棄ゴミとして扱われ、一部を除く大部分はその処理に困っていた。CETAPARはその大豆屑に着目し、畜産の補助飼料としての有効性を試験により明らかにした。イグアス、ラパスなど日系農協のサイロから排出される大豆屑の量は年々増加しているが、家畜飼料としての有効性が確認されたことにより、補助飼料としての需要も高まってきている。

（8）新規導入作物の選定・普及（2001 ～ 2010年）

　CETAPARでは、大豆の前後作として冬期に栽培可能な作物と供試（きょうし）し、適応性調査を実施した。ベニバナは土壌酸度を強制し、土壌中のアルミニウム溶出による根系への被害を軽減し、土壌中のリン酸を有効化する効果があり、土壌肥沃度の維持・増強に役立つことを確認した。このため、ベニバナの種子生産、緑肥作物として日系移住地で普及してきた。また、ベニバナから採れる食用油はリノール酸を多く含んでおり、先進国からの引き合いもあり、今後の経済作物としての可能性が認められている。

（9）ダイズシストセンチュウの確認と技術指導（2002 ～ 2007年）

　CETAPARでは、1993年より日系移住地を中心としてダイズシストセンチュウのモニタリングを定期的に実施し、2002年にCETAPAR技術者によりパラグアイ国内における生息が初めて確認された。その後、国立植物・種子品質防疫局（SENAVE）、農牧省農業研究局（当時。現在のパラグアイ農業試験場（IPTA））によるモニタリングとレース検討への協力、関係技術者に対する同定技術指導などに貢献した。

未来の持続的農業のための今後のNikkei CETAPAR

　パラグアイ農業総合試験場は、2010年3月31日に日系農協中央会に移管され、同4月1日からNikkei CETAPARとして新たなスタートをきったCETAPARは、2013年10月にはFECOPROD及び国内農協中央会（UNICOOP）も運営に加わり、日系農家のみでなくパラグアイ全国レベルの農協に裨益する体制となった。主な事業は、（1）分析事業、（2）試験事業、（3）農場管理、（4）プロジェクトとなっている。（1）分析事業は、土壌分析、肥料成分分析、農薬成分分析、飼料成分分析、種子検定などを行い、有料による分析サービスを提供している。（2）試験事業は、大豆や小麦の新品種の適地試験を中心にサービスを提供している。（3）農場管理は、不耕起栽培下での緑肥輪作体系による農場管理計画策定、農場内の土壌肥沃度マッピング、農牧輪換システムなどを提供している。（4）プロジェクトは、国立研究開発法人JIRCASとの連携によるサビ病抵抗性大豆品種の開発や、帯広畜産大学との連携による乳牛生産性向上のための技術開発などを行っている。

　2017年に行ったNikkei CETAPARのスタッフとのインタビューでは、「試験研究の事業は、コストが高く、また成果が出るまで時間がかかる。けれども、CETAPARの存在意義として、絶対に続けていかなくてはいけないと考えている。今、JIRCASは、サビ病抵抗性大豆品種の開発をブラジル農牧研究公社、アルゼンチン国立農牧技術研究所、ウルグアイ国立農牧研究所、メキシコ国立農牧林業研究所と実施していると聞いているが、CETAPARとの品種開発が最も上手くいっていると聞いている。」と試験研究の重要性を強調した。

　また、Nikkei CETAPARは新たな事業にも取り組んでおり、その一つ

24）UNICOOP は、カニンデジュ県、アルトパラナ県、イタプア県の八つの農協から構成される中央会。過去にイグアス農協が所属していたが、現在、日系農協は所属していない。http://www.unicoop.com.py/es/

に民間セクター（農牧企業連合会）との連携による農牧業の技術革新推進のための「農牧展示会INNOVAR[25]」がある。2017年3月に第1回が開催され、農業機械、種子会社、農薬会社、金融業などの90社もの企業が参加して、Nikkei CETAPARの敷地内で実施された。肉牛・乳牛の新品種の展示、トラクターや耕運機などの最新農業機械のデモンストレーション、農牧業の技術革新に関する各種セミナーなどを実施し、多くの聴衆が参加し、オラシオ・カルテス大統領も駆け付け、盛大に開催された。

　日本人移住者の営農支援のために開始されたCETAPARだったが、48年間という長年にわたる協力期間を経て、Nikkei CETAPARとしての7年間の自己運営から、パラグアイ農業開発に貢献するセンターとしての地位を確立しつつある。多くの課題、困難に直面しながらも、それを乗り越えていくNikkei CETAPARの歩みが期待される。

　この章では、大豆栽培がパラグアイの国を支える輸出作物へ成長する過程について、近代的農業の展開、持続的な農業の確立に焦点をあてて振り返った。次の章では、パラグアイの大豆栽培が抱えるその他の課題、そして日系移住者によるこれからの大豆栽培について取り上げていく。

2017年3月に開催された第1回INNOVARにおいて、JICAにより供与された第1号のトラクターが展示される中、最新のコンバインのデモンストレーションが実施された。　　　　　　　提供：Nikkei CETAPAR

---

25) http://innovar.com.py/

参考文献・資料

イグアス農業協同組合（2012）『イグアス農協50年史1961〜2011（50 Años de Historia Cooperativa Yguazú Agrícola Limitada）』

小池洋一（2006）『第2章　大豆産業−ブラジルアルゼンチンを中心に』星野妙子編「ラテンアメリカの一次産品輸出産業−資料集−」調査研究報告書pp.47-91　アジア経済研究所

国際協力機構（2010）『パラグアイ農業総合試験場（CETAPAR）−48年のあゆみ−（1961年1月〜2010年3月）』JICAパラグアイ事務所

―――（2003）『パラグアイ農業発展を支えたJICA技術協力の23年史−地域農業研究所（CRIA）におけるプロジェクトの記録−』

―――（1988）『パラグアイ農業総合試験場25年の歩み』JICAパラグアイ事務所

―――（1974）『南部パラグアイ営農改善特別対策　実績総括』JICA移住第一事業部

関節郎（1999）『パラグアイにおける大豆不耕起栽培』農業及び園芸　第74巻・第10号、11号　別冊

全パラグアイ日系人不耕起栽培研究組織協議会（1993）『パラグアイにおける不耕起栽培』

日系農業協同組合中央会（2012）『日系農業協同組合中央会30年のあゆみ』

永井和夫（2000b）『パラグアイ日系農業者の発展と大豆栽培−経営基幹作目の模索から題材栽培の導入・定着−』国際協力研究Vol.16 No.2（通巻32号）国際協力事業団

―――（2000a）『パラグアイ日系農業者の発展と大豆栽培−不耕起栽培の導入から環境保全型畑作農業へ−』国際協力研究Vol.16 No.1（通巻31号）国際協力事業団

野口明広（2003）『商品の流通と開拓移住地社会−南部パラグアイの日本人移住地の事例から−』アジア経済44（1）pp.63-92　アジア経済研究所

―――（2000）『大規模機械化農業を成立させた契機』ピラポ日本人会「ひらけゆく大地　第4集　ピラポ移住地40年史」pp.189-200　40年史刊行委員会

パラグアイ日本人移住70周年誌編纂委員会・パラグアイ日本人連合会（1987）『パラグアイ日本人移住70年誌　新たな日系社会の創　1936〜2006』パラグアイ日本人移住五十周年記念誌発行委員会

パラグアイ日本人移住五十周年記念誌発行委員会（1987）『パラグアイ日本人移住五十年史』パラグアイ日本人移住五十周年記念祭典委員会編

松田明（1995）『パラグアイ日系移住地農業の現状と課題−移住地農家経済調査結果より−』パラグアイ農業総合試験場

Feria Agropecuaria INNOVAR（2017）Revista Corporativa Global, Edición No.40,pp.14-16　Corporativa Global

コラム②	なぜ日本語を学ぶのか

　パラグアイの日系2世のほとんどがきれいな日本語を話し、日本からの来訪者は大変驚きます。これは子供の頃に日本の国語の教科書を使って日本語を外国語としてではなく、国語として勉強しているからです。3世以降も、両親が日系の場合はバイリンガルがほとんどです。しかし、3世と日本語について話すと、自分たちの子供になぜ日本語を学ぶ必要があるのかをきちんと説明するのがなかなか難しいと言います。母国の言葉である日本語を勉強するのはあたりまえだろうという強制型から、おじいちゃん、おばあちゃんと日本語で話しできなくなると困るだろうというやや消極型なアプローチまで家庭内でのご両親の日本語教育に対する様々な思いが伝わってきます。

　子供たちも成長とともに自分が日系だということを自覚し、日本文化、日本語を継承することは大切なことだということは感覚ではわかってきます。しかし、パラグアイ社会であまり使う機会がない日本語を一生懸命勉強する意味は何だろう、今の時代は英語じゃないのかという素朴な疑問が出てくるのは当然だと思います。今後、国際結婚等でスペイン語が中心になっていく日系家庭が多くなっていく中で、子供たちに日本語を学ぶ意義をしっかりと伝えていく必要があります。

　日本からの訪問者が日系移住地に立ち寄り、日系の皆さんとしばらくお話すると、必ず昔の日本に戻ったようだという感想を持ちます。これは鳥居があったり、日本茶が出てきたりという視覚的な側面だけでなく、きれいな日本語を話すということが極めて大きな要素となっています。スペイン語で対応されるとまた違った印象になるのではと思います。

　パラグアイから日本に行った場合はどうしょう。ブラジル、ペルーの日系人には日本語がうまく話せない方々が多く、現地の日本社会とのコミュニケーションがあまりないという話をよく聞きます。一方、パラグアイから行った日系人は日本語が話せるので出稼ぎ先でも取りまとめ役として重

宝されると聞きます。直接確かめるわけにはいきませんが、日系ブラジル人や日系ペルー人の方々に比べ、単身である等、個別の事情はあるもののそれほど日本の生活に苦労することはないのではと想像します。

　米国社会は人種のるつぼとかサラダボールとかいわれ、世界中からいろんな人々が集まった国で国籍が米国であれば、みんな平等ということになっています。ユダヤ人は複雑な歴史を持ち、宗教と流れている血を大切にしているといわれています。そういう世界の中で日本人は何を大事にしているかというとやはり日本語と日本文化ではないかと思います。肌の色がどうであれ、国籍がどうであれ、日本にいる外国人で、日本語を話し、日本食を好み、何年か住んでいると近所の人ということで違和感なく受け入れられているように思います。芸能人やスポーツ選手だけでなく、普通の市民レベルでもそうだと思います。これは日本では昔から中国大陸や朝鮮半島から多くの人々が渡来し、定住していったという歴史が影響しているのではないかと思います。

　これからますます世界は狭くなり、人の移動も多くなり、生まれた国以外で生活する人の割合が高まっていきます。日系の若い世代も日本にいく機会がもっと増えてくると思いますし、日本からもパラグアイをはじめとする中南米地域にもっと多くの日本人がビジネスをはじめとして訪問することになると思います。そういう機会を通じてどれだけ深く日本と関われるかは日本語による深いコミュニケーションに大きく拠るものだと思います。そしてそれはその後の人生の大きな糧になるものと思います。小さい頃は半強制的に日本語に触れさせる部分も必要かと思いますが、パラグアイと日本と世界をつなぐ若い日系世代の育成のためにも、なぜ日本語を学ぶ必要があるのかと聞かれた時は、上記を参考にしっかりと応えてもらえればと思います。日本側も日系社会への日本語教育にはさらなる支援を継続していく必要があります。

　　　　　　　　　　　　　　　　　　　　　　　　北中　真人

第3章

パラグアイ大豆生産のさらなる課題と
日系社会による将来展望

藤城 一雄

1. 日系社会が抱える大農地占拠問題と共存の取組み

農地不法占拠問題

　1970年代の機械化農業の拡大、1990年代の不耕起栽培の確立などにより、パラグアイにおける大豆栽培は国を支える輸出作物へ成長した。その過程では、パラグアイ社会における共存を続けていくうえで避けることができない「農地不法占拠問題」に直面した。

　ストロエスネル大統領による独裁政権の35年間は、反体制派や言論の自由を弾圧したことから、犯罪は少なく、パラグアイの治安は安定していた。1989年2月、アンドレス・ロドリゲス中将率いる軍によるクーデターにより、35年間にわたったストロエスネル大統領による独裁政権が崩壊した。3カ月後に第47代大統領に就任したロドリゲスは、農地改革を公約としたことから、これに呼応した農民組織や宗教団体をバックとした土地なし農民や小規模農家による農地を求める運動が起こった。同年5月、1,400人を超える土地なし農民による不法占拠事件がイグアス移住地で発生し、パラグアイ政府による軍隊、警察の派遣により退去に至ったが、9月に再び400人以上が家財道具や家畜などを持ち込んで本格的に占拠した。彼らは不法に占拠した土地に棒を立て自分の土地のように区画し、木を伐採し四角の枠を作りそこに板やシート、トタン、大きな葉や草の屋根と壁による小屋を建てて寝泊りした。最初は男性が中心だったが、次第に家族を呼び、畑を耕し、ニワトリを飼うなど居座って生活する体制を整えていった。[26]

　イグアス日本人会では移住者大会を開いて不法占拠処理対策委員会を結成し、農協や地主らと共に解決の糸口を模索したが、事態は好転しなかった。日系諸団体は連名で陳情書を日本大使館に提出、日本政府は問題の早期解決をパラグアイ政府に要請した。11カ月後、イグアスから約200キロメートル離れた代替地1,500ヘクタールが用意され、日本人会に

---

26) イグアス農業協同組合 (2012)

よる移動経費、土地造成、収容所建設などの負担を受けて、不法占拠農民は移動し事態は終息した。しかしながら、土地なし農民はこの代替地に定住せず、土地を転売したともいわれており、イグアス移住地では不法占拠の不安は拭われることはなかった[27]。1993年には、ラパス農協及びピラポ農協の共有地である旧エンカルナシオン出張所用地においても不法侵入問題が発生した[28]。こうした不法侵入の背景には、土地なし農民の経済的な問題に留まらず、政治的利害などとも複雑に絡み合い、解決を一層困難なものとしているとの見方もある。農民リーダーが私腹を肥やすために農民を操って不法侵入を扇動するケースも多く、土地なし農民も目先の現金収入に動き、土地を提供されてもすぐに売却するため、土地なし農民の定着や経済状況の向上にはなかなかつながっていないとされる。この事件を経験したイグアス日本人会は、「非日系との融和と連携を強化し、民族を超えた新しい農村、ふるさとを築くための努力を傾注する」ことを確認した。パラグアイにおける日系社会の発展は、地域社会の発展とともにあることを強く認識させる契機となった出来事となった。

不法占拠者の調査の様子(左) 不法占拠者の家屋(右)　　　　　　出典：イグアス農協50年史

---

27) 日系農業協同組合中央会 30 年のあゆみ (2012)
28) ラパス農協 (2012)

イグアス移住地における地域共存の取組み

　1990年代、イグアス移住地では小麦－大豆による営農形態が一層安定し、日系社会の生活基盤が整っていった。住宅建設、乗用車購入が相次ぎ、周囲に暮らすパラグアイ小農との生活レベルの差が目立つようになった。このような背景から、土地なし農民による不法占拠や、日系人を狙った強盗事件などが発生するなど、様々な社会問題を引き起こしていた。パラグアイ小農への経済的支援を通じて生活環境整備を行い、地域社会としての一体感を醸成し、日系社会の評価を高めることを目指して、1995年9月、イグアス移住地の2世、3世を中心として「イグアス地域振興協会」が設立された（1999年に法人格取得）。イグアス農協の外郭団体として開始した地域振興協会が最初に手掛けた事業は、農協の建物を利用した売店を設営し、農業資材の購入に困難を抱えていた小農向けに、組合並みに安価で良質な生産資材を販売することだった。また、小農が生産するトウモロコシ、キャッサバ、綿などの農地について、パラグアイ農業総合試験場（CETAPAR）が土壌検査や技術講習会を開催し、生産性向上や作目の多様化につながる指導を行った。

地域振興協会の事務所（左）地域振興協会の会合（右）　　　　　　出典：イグアス農協50年史

　生産資材販売から得た収入、寄付金、日本人からの助成金を活動資金とし、パラグアイ人小農グループを組織化し「牛一頭運動（乳牛を供

与し、新鮮な牛乳の摂取、余剰分によるヨーグルト加工販売による現金収入向上に取り組んだ）」などを実施した。その後は、JICA青年海外協力隊員も派遣され、野菜や果樹栽培、養蜂、パン作りなどの現金収入活動の創出に取り組んでいる。2007年には、イグアス日本人会、イグアス農協、CETAPARにより、地域振興協会運営委員会が設立され、3者による経済的・技術的な協力により、地域のパラグアイ小農への支援活動が展開されるようになった。しかしながら、地域社会への波及効果や成果は期待したほどにはあがっておらず、その理由として、地域振興協会発足当初から献身的に活動を支えてきた福井一郎氏（1965年生まれ、岩手県出身）は、以下の4点を指摘している。

　①土壌改良が必要でも、明日の糧に困る小農には改良資材を投入する資金がない。②乳牛を飼えと指導しても、小農が生産する牛乳の質が悪く、値引きされてしまい採算に合わない。③最大の問題は、地域に強力な指導力を発揮できる人材がいない。④指導者がいても、その指導者が献身的に動けば動くほど、その指導者自身の経営が悪化して犠牲を強いることになる。

　また、イグアス農協としても、独自に地域社会への貢献として、道路整備、地域の学校への文房具や教科書の配布、学校の修繕などの協力に加え、製粉工場などの加工事業の推進により地域住民の雇用機会創出に努めた。

　2008年4月の大統領選挙では、中道左派のフェルナンド・ルゴ元司教（野党連合「変革のための愛国同盟」）が、貧困層への支援、汚職対策などを公約に掲げて当選し、第54代大統領に就任した。この政権交代前後から、不法侵入やデモ活動が全国的に活発になり、イグアス移住地においても農協所有地に隣接する地域や、組合員、日本人会会員の所有地の数カ所で不法侵入が発生した。

2011年のイグアス移住地における農地不法占拠事件

2011年9月28日、イグアス移住地R地区の大西マリオ・ホルヘ兄弟の農場と、そこに隣接する湖の岸辺に土地なし農民が侵入し、粗末な小屋を建て不法占拠を開始した。侵入したのは約200人であり、国立農村土地開発院（INDERT）による「イグアス移住地は測量に不正があり、18,000ヘクタール（山手線の面積の2.8倍）余っている」という見解を根拠として、「この土地は自分たちのものだ」と主張した。

不法占拠に対する阻止線(左)不法占拠者との睨み合い(右)　　　　出典：イグアス農協50年史

10月3日、イグアス市では日本人会、市役所、農協、各地区会長、商工会などで対策委員会を発足させ対策に乗り出し、日本大使館やJICAへも相談を行った。しかしながら、事態は進展せず、大豆の播種も行えない状況となっていた。

10月24日、不法占拠者に新たな集団が加わるとの情報が入り、移住者は市道に大型農機を並べ、監視活動を開始。26～27日には、農業者の政策要求活動の中心になっているパラグアイ農業調整員の協力があり、県知事や県議会議員、周辺のブラジル人移住地の市長、日系農協中央会後藤吉雅会長（当時）、ブラジル系やドイツ系農協の組合長らが対策委員会を激励に訪れ、28日にはこれらの人たちも多数参加して、市街地の国道沿いの広場で不法侵入阻止の大決起集会が開催された。

2011年の農地不法占拠を報道する現地紙　　写真：著者

　10月27日にリーダーであったエウドシア・ルゴ（ルゴ大統領（当時）の従妹）が逮捕（2015年に有罪判決）されたことで不法侵入者に動揺が広がったのか、11月1日には退出する者が出始めた。11月2日、圃場に最後まで残っていた13人の不法侵入者が退去し、残りはイグアス湖岸の占拠地へ移動した。11月5日、INDERTは「イグアスの土地の測量に不正はなく、余剰地はない」と発表し、不法侵入者は湖岸の占拠地から退去した。当時を振り返り大西マリオさん（1961年、フラム移住地生まれ）は、「移住地全体の協力で、交代の夜警や道路封鎖を行うなどの対応をした結果、解決することができた。しかしながら、不法占拠が大豆の植え付けの時期だったために、植え付けが遅れてしまい、その年の大豆は大きな損失だった。今後も同じようなことが発生しないか、不安を拭えないのが正直な気持ち。」と語った。

　2012年6月、パラグアイ北東部のカニンデジュ県クルグアトゥにおいて、警官と土地を不法占拠していた農民グループとの間の銃撃戦により17名が死亡した事件を契機とし、農地改革や治安問題などに関する失政への批判が世論で紛糾。同月22日、パラグアイ国会上院において弾劾裁判が可決され、ルゴ大統領は罷免された。これを受けて、フェデリコ・フランコ副大統領が第55代大統領に就任したが、わずか2日間という短期間での弾

効裁判プロセスに対して国際社会からは批判が表明された。

2. 日系社会が抱える大豆の病虫害対策
大豆さび病などの病害虫対策

　大豆さび病は、1900年代初頭に日本で初めて報告された菌であり、2001年にはパラグアイ及びブラジル、2003年にはアルゼンチン、2004年には北アメリカへの侵入が確認された。世界の大豆主要産地であり、世界の大豆約85%を生産している南北アメリカがさび病の脅威にさらされることとなり、大豆生産量の減少は南北アメリカで30〜80%と試算された。[29]

　パラグアイにおいては、2001年4月、ピラポ移住地において最初に確認された。2002年2月、地域農業研究センター（CRIA）がブラジル人専門家を招聘してさび病発生実態調査を実施した結果、イタプア、アルトパラナ県の各地で確認され、特にピラポ移住地には激発圃場が存在した。ここでは、圃場周辺のクズが寄生植物として関与していることが指摘され、農薬防除の必要性、さび病発生生態の解明、今後のパラグアイ大豆生産にとっての重大病害になる可能性が指摘された。[30]またラパス農協においても2007年、品種や地域によってはアカサビ病が発生し、大減収の被害を受けた。このような背景を受けて、CRIAではJICAの協力により、台湾にあるアジア野菜研究開発センター及び中興大学から大豆さび病抵抗性遺伝資源を導入し、さび病抵抗性品種が開発された。

　2002年12月には、カアグアス県においてダイズシストセンチュウの発生が初めて報告され、農牧省は汚染地域を植物防除隔離地域に指定するなど、大豆さび病と併せて喫緊の課題となっていた。パラグアイ政府としても大豆生産は国家経済の根幹を担うものであるため、CRIAの強化を通じたこれら病害虫対策に関する技術協力の要請がJICAになされ、2006年2

29）山岡（2014）
30）土屋（2002）

月〜2008年2月まで「ダイズシストセンチュウ及び大豆さび病抵抗性品種の育成プロジェクト」が実施された。大豆さび病抵抗性品種開発の基礎能力強化のために、抵抗性遺伝資源の導入・評価、抵抗性素材の選定が実施された。また、ダイズシストセンチュウ抵抗性品種開発のために、抵抗性品種の比較試験、育成系統の抵抗性検定と選抜、抵抗性品種の開発が実施された結果、パラグアイで初めてのシストセンチュウ抵抗性品種「CRIA-6（Yjhovy）」の品種登録を達成した[31]。

その後、2008年9月から2010年9月までJICAシニア海外ボランティアが派遣された。彼らはこれらの抵抗性品種開発に協力し、さび病抵抗品種の有望系統から新品種の開発に取り組んだ[32]。CRIAに1980年から勤務している大ベテランの農業技師アニーバル・モレルさんは、長年JICA日本人専門家のカウンターパートを務める中で、大豆の品種開発に関する多くの技術を学んだ生き証人である。今でもCRIA（現行名称は、パラグアイ農業技術研究所（IPTA））において大豆の品種開発に従事し、2016年には大豆さび病抵抗品種「SOJA PAR R19」の開発に成功した。この品種の圃場レベルでの試験栽培では、殺菌剤の散布1回のみで4,000キログラム/ヘクタールの収量と報告されており[33]、2017年3月には第2号大豆さび病抵抗品種の「SOJA PAR R24」の開発にも成功し、今後のパラグアイ大豆の国際競争力を考えていくうえで重要な一歩と期待される。モレルさんは、「日本の協力によるCRIAがなければ、パラグアイ大豆の歴史は違うものになっているのではないか。これからも大豆の品種開発を続け、日本の消費者の好みに合うような品種を開発していきたい。」と力強く語った。

31）土屋（2008）
32）黒崎（2011）
33）ABC Color（2016）

CRIAによる数々の成果品　　　写真：著者　　SOJA PAR R24　　提供：アニーバル・モレル氏

3. 日本への大豆輸出のチャレンジと将来の展望
日本へのパラグアイ大豆輸出

　パラグアイの日系大豆農家の多くは農協組合員であり、農協を通じて穀物メジャーに大豆をコモディティ（商品）として販売しており、不耕起栽培＋除草剤耐性遺伝子組み換え大豆が一般的になっている。これにより生育期間中に非選択性除草剤の散布が可能になり、収穫前の手取り除草も不要という恩恵をもたらし、大豆農家が待ち望んでいた「夢の技術」は瞬く前に普及した。[34] これにより、大豆生産が規模を求める農地拡大型農業の方向性に拍車がかかったが、同時に、規模拡大のための農機具、土地購入・借地代などへの投資拡大が不可欠となり、農家経営の脆弱性を顕著化させた。2004 ～ 2006年の干ばつ、2009年の干ばつの際には、経営状態が悪化し返済に困窮する農家も散見された。

　このような拡大型農業とは一線を画する取組みとして、イグアス日系人農家による岐阜県のギアリンクス社との連携がある。岐阜県民に安全・安心な食料を確保する取組みの一環として、非遺伝子組み換え大豆アウロラ

---

34) 国分（2008）

種の輸入を開始し、2002年の225トンを皮切りに、2006年は560トン、2007年は480トン、2008年は950トン、2009年は600トンへと拡大した。イグアス農協は、日本向け食品用大豆収納のため、種子サイロの一部を改造し、乾燥機やベルトコンベアーなどの荷受け調整施設を改造した。松永真一さん（1947年、山口県出身）は、非遺伝子組み換え大豆の日本への輸出について、「アウロラ品種を日本に送った当時は、ちょっと油臭いとか文句をつけられたのですが、今は逆にあの品種はないのかと日本の方で言っているんです。何が原因か分からないのですが、油揚げにしたときにふくらみがいいのと、普通の大豆を使った場合に比べ、揚げ油が倍近く長持ちするということです。しかし、4回も5回も消毒が必要なので、手間も経費も大変です。そのうえに収量も少ないとなると、みんな敬遠するのもやむを得ません。」と語っている[35]。

イグアス農協副組合長をつとめる大西ホルヘさん（1965年、フラム移住地生まれ）も日本向け大豆輸出に2004年から取り組んでいる生産者の一人だ。非遺伝子組み換え大豆の生産を行うために、病気、雑草防除など多くの課題を抱えながらも、日本へのパラグアイ大豆の輸出に強い拘りを持っている。その理由を尋ねると、「お世話になった日本の人々に、安全、安心な食を提供したい。日本への恩返しのために、できることは何でもしたいと考えている。」と力強く語った。

日系社会におけるパラグアイ大豆生産の課題と展望

パラグアイにおける日系移住地のうち大豆生産を主要産業としているラパス、ピラポ、イグアスでは、将来展望、課題を以下のとおり指摘している。ラパスでは、農業後継者の育成、2003年に完成した小麦製粉工場、2010年に完成した飼料工場を軌道に乗せるためにも、牧畜も含めた複合

---

35) 仙道（2014）

第3章　パラグアイ大豆生産のさらなる課題と日系社会による将来展望

経営の取組みが重要になっている。ピラポでは、移住地内の農業地はほとんど開発され、岩山や低地が残るのみとなり、開発された農地の保全が最重要課題として提起され、「開く農業から守る農業」に変わってきている。[36]イグアスでは、将来のリーダーとなる後継者育成、付加価値を生み出す新規事業の立案、圃場の地力回復のための研究、パラグアイ地域社会との共存共栄を重点課題と考えている。3移住地に共通して、①後継者育成、②経営の多様化、③地力回復、④パラグアイ地域社会との共存共栄という4点の課題が確認できる。

　ラパス農協組合長、日系農業組合中央会組合長も歴任し、元在京パラグアイ大使である田岡功さん（1943年生まれ、徳島県出身）は、「大豆生産は天水の影響が大きいこともあり、作柄が良かったり悪かったりの繰り返しで波があるもの。それを見越して、技術的改良の模索を続けなくてはならないし、農家経営の多角化を行うことが経営の安定には不可欠だ。特に、地力回復については、農地を大切にし、どのように次世代に残していけるかという点を考えて、常に技術的改良に取り組んでいく必要がある。」と語り、そのうえで、「ただ作るだけの農業の時代は終わり、収支計算を頭においた農家経営を行っていかなくてはならない。そのためには、将来を担う2世、3世の教育をどのように行っていくかは重要な課題だ。パラグアイ社会で活躍していく2世、3世を育成していくには、教育は不可欠だ。」と警鐘している。

　ピラポ日本人会や農協の役員を長年つとめた西舘世公さんは、「土壌保全をしっかり行っていけば、孫の代まで続けられる農家経営は可能だ。そのためには、植林を行ったり、輪作を行ったりの工夫を行っていくことで、パラグアイ大豆の未来はそう暗くはない。」と地力回復の重要性を前向きに語った。

36）ピラポ日本人会（2000）

イグアス日本人会会長や農協役員を歴任してきた福井さんも土壌保全のために様々な試行錯誤について、次のように語っている。「今のパラグアイの状況では、すでに多くの農地が開発済であり、新たな農地面積の拡大というのは難しい。これからは今まで以上に、既存農地の土壌保全に力を入れていかなくてはならない。2016年8月から、イグアス移住地の農家有志で集まり、農業技師を雇いながら、土壌保全に有効な技術を見つけるためにEM菌や木酢液の研究を科学的に取り組んでいる。将来の大豆生産のために、いかにコストを抑え、そして土壌保全を実現する技術を開発するかが最大の課題。やはり、これまでの経験からも"農業の命は、土作りから始まる"というのが基本であり、そのためには知恵を出していかなくてはならない。」と前を向く。また、「これからは、生産した大豆に付加価値をつけるような産業化に取り組んでいく必要がある。例えば、大豆から飼料を生産し、それを活用した鶏肉ブロイラー工場を建設していくことで、産業クラスターを形成していく。これにより、地域に産業が生まれることで、雇用も創出され、パラグアイ人も含めた地域社会全体としての共存・発展につながるのではないか。」と将来の展望を語った。

37）Effective Microorganisms（有用な微生物）の英文頭文字に由来し、乳酸菌や酵母、光合成細菌など微生物の集合体の総称

第3章　パラグアイ大豆生産のさらなる課題と日系社会による将来展望

参考文献・資料

イグアス農業協同組合（2012）『イグアス農協50年史1961〜2011（50 Años de Historia Cooperativa Yguazú Agrícola Limitada)』

黒崎英樹（2011）『パラグアイでの技術協力経験』北農第78巻3号pp.347-353　北海道農事試験場北農会

国分牧衛（2008）『「不耕起栽培法」+「除草剤耐性GM品種」=賞賛すべき夢の技術か?』雑草研究53巻1号pp.15-17

仙道富士郎（2014）『遥かなる地球の裏側に夢を馳せた人々−南米パラグアイ在住日系移住者の声−』山形大学出版会

土屋武彦（2008）『ダイズシストセンチュウ及び大豆さび病抵抗性品種の育成（フェニックスプロジェクト)国際協力事業団専門家業務完了報告書』

————（2002）『パラグアイ大豆生産技術研究計画（フォローアップ)大豆育種　国際協力事業団専門家業務完了報告書』

日系農業協同組合中央会（2012）『日系農業協同組合中央会30年のあゆみ』

パラグアイ日本人移住70周年誌編纂委員会・パラグアイ日本人連合会（2007）『パラグアイ日本人移住70年誌　新たな日系社会の創造　1936〜2006』

ピラポ日本人会（2000）『ひらけゆく大地　第4集　ピラポ移住地40年史』40年史刊行委員会

山岡裕一（2014）『近年大発生したさび病とさび病防除に対する基礎生物学的研究の重要性』日本植物病理学会報　第80巻　特集号　100周年記念総説集

ABC Color（2016）
http://www.abc.com.py/edicion-impresa/suplementos/abc-rural/soja-resistente-a-la-roya---tec-anibal-morel--1516308.html（2017年9月）

第4章

日系社会が挑む農畜産加工クラスターの形成

細野 昭雄

1. 転換期を主導した、大豆をベースとした農畜産加工クラスター
熱帯一次産品依存から多角的産業への転換

　2000年頃から今日に至る期間は、パラグアイの産業構造の本格的転換期であった。それは、一言でいえば、綿花から大豆と農畜産加工業への転換である。換言すれば、熱帯一次産品への依存経済から、大豆をはじめとする食糧生産を中心とした近代的農業と食品加工産業からなる、多角的な産業に転換した時期であった。1990年代後半に、3.7億ドルだった大豆輸出額は、2000年代後半には、10.2億ドルに、2013年には25億ドルに増加した[38]。一方、1990年代後半に、まだ、約1億ドルの輸出を行っていた綿花は、2000年代後半には往時の10分の1以下となり、主要輸出品からは姿を消す[39]。この間、パラグアイの輸出総額は、7.3億ドルから、27億ドルへと増加した。

図4-1　大豆の輸出額

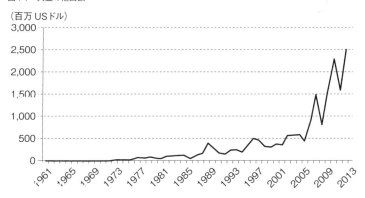

出所：Ortiz Trepowski, Emilio et al.(2014) 21ページ

---

38) 大豆の生産量は、2000年の291万トンから、2010年の646万トンに増加した。
39) 綿花の輸出は、2006〜2007年には、約4,000万ドル、2009〜2010年には、約2,000万ドルに低下した。

図4-2　大豆・大豆油・大豆ミールの輸出額

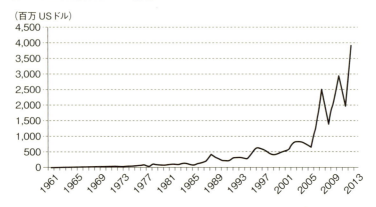

出所：Ortiz Trepowski, Emilio et al.（2014）21ページ

　図4-1、図4-2のとおり、大豆の輸出額も、大豆と大豆油、大豆ミール（大豆油と共に生産され、大豆粕とも呼ばれる）の輸出額も、2000年代前半には緩やかに、後半には、急速に増加する。そして、図4-3のとおり、1990年代末から2000年代初め（1998〜2002年）にかけてマイナス成長が続いていた、国内総生産（GDP）の成長率は、2003年からプラスの成長に転じ、2003年から2014年の10年間は、平均4.8％と高い水準を実現した。本章と次の章ではこの時期にパラグアイの産業と経済にどのような変化が起こったのか、また、どのような要因がそれを可能にしたのか明らかにしたい。そこには、日本人移住者を含むパラグアイの多くの人々の懸命の努力があった。

　この転換期を主導したのは、力強い大豆生産の増加と、一連の新たな産業の発展による産業の多角化の二つであったということができる。大豆生産については、これまでの章で詳細に述べたが、2000年に始まるこの時期には、栽培面積が大きく増加し、栽培技術も進歩した。それが、生産額の大幅な増加を可能にした。大豆の栽培面積は、2000年には120万ヘクタールだったが、2000年代に入って加速的に拡大し、2005年には200万ヘクタール、2010年には268万ヘクタール、さらに、2013年には316

図4-3 パラグアイの国内総生産(GDP)成長率

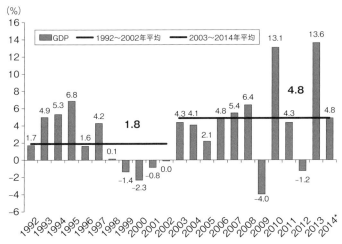

出所:Gobierno Nacional(2014)51ページ

万ヘクタールに達した。今世紀最初の10年に、栽培面積は2.5倍となった。今日、パラグアイが世界4位の大豆輸出国となるとは、誰が予想したであろう。大豆油でも世界4位、大豆ミールでも世界5位となった。そして大豆生産の増加は、小麦生産の拡大を可能にした。パラグアイは、着実に小麦輸入国から輸出国に転じ、今日、世界10位の輸出国となった。

今世紀10年の変化は、これだけにとどまらない。この間に、従来綿花を生産していた小規模農家の多くは、ゴマの生産に転換することができ、パラグアイは、一躍ゴマ輸出国となった。他方、大豆油と共に生産される大豆ミールを原料にした配合飼料を用いた養鶏、養豚などの産業や、鶏卵、食肉加工産業もこの間に発展し、輸出も行われるようになった。自動車用の革製の高級シートの生産などが開始され、本書最終章に書かれている国際的サプライチェーンに参加する新たな産業の発展の嚆矢としての役割を果たした。以上に挙げたすべてに、日本人移住者が様々な貢献した。それがどのように行われたかを本章と次章で見る。

第2世代、第1.5世代の活躍が新産業への突破口を開く

　パラグアイにおける日本人移住者の第1世代は、大豆生産のパイオニアであり、前述のように、綿花の生産が衰退する中、大豆が、綿花にとって代わる主要輸出品となることを可能にした。第1世代の成果を受けて、90年代から今世紀初めの時代に登場したのが若い第2世代、または第1.5世代であり、パラグアイがグローバル化の強い影響を受ける中で、この国の新たな成長の分野を切り開くパイオニアとして大きな貢献を行ってきた。それは、大豆農業の確立と肩をならべる意義を有していたといって過言ではない。

　ここで、第2世代という言葉には、少し説明が必要であろう。ほかの国々での日本人移住者の場合、通常2世と呼ばれるが、パラグアイの場合は、第2世代には、パラグアイで生まれ育った2世のほか、子供の時両親と移住した若い世代も第2世代に含まれる。正確には、第1.5世代と呼ぶべきかもしれない。この第1.5世代と第2世代の若い人々が、時代の流れに敏感に、しかし、親の開拓者精神を引き継ぎつつ挑戦したのが、大豆農業からの産業の多角化、産業の高付加価値化への取組みであった。

　繰り返しになるが、大豆生産のパイオニアとなり、環境に配慮した、かつ、生産性の高い栽培法の定着に寄与した日本人移住者の第1世代を中心とする人々の先駆的努力が実り、パラグアイの大豆輸出国への転換に貢献した。続いて、大豆を起点としたバリューチェーンの拡大や大豆以外の産業の発展に顕著な貢献をした、第1.5世代、第2世代の日本人の新たな時代を見据えた努力が、さらなるパラグアイの産業の転換、高度化に貢献した。それは、技術と経験を積み重ねることで初めて可能となる産業であり、リスクを伴うものであり、画期的なものであった。こうして日本人移住者の若い世代は、リスクを覚悟で取り組み、いわば、ファースト・ムーバーとなって、それら産業のフィージビリティ（可能性）を実証したといえる。

　一次産品輸出国は常に厳しい国際競争にさらされている。特に、熱帯

農産物をめぐる国際競争は激しい。コーヒー、砂糖、綿花、カカオ、バナナなどは、強力な輸出国が現れると、価格の暴落が起こり、それまで輸出してきた国が、大きな影響を受ける。有力コーヒー輸出国となったベトナムの世界のコーヒー市場に与えたインパクトはよく知られている。パラグアイの最大の輸出品であった綿花の凋落は著しかった。

　日本人農家が着実に定着させた、温帯農産物、大豆は、穀物であり、重要食料であり、熱帯農産物とは、この点でまったく異なる。世界需要は、一貫して拡大してきている。綿花に代わって主要輸出品となった大豆が、外貨獲得の役割をになった。しかし、パラグアイは、輸出による外貨獲得の課題に加え、新たな課題に直面しつつあった。なによりも、高い人口増加率が続き、若年労働者も大きく増加した。若者に雇用の機会を用意しなければならない。しかも、綿花生産のように、縮小を余儀なくされる産業に従事していた人々の雇用も確保する必要がある。そのためには、新たな産業を興して産業を多角化するとともに、既存の産業の加工度をあげて、高付加価値の輸出品を生産し、雇用機会を増やす必要があった。

　主として、第2世代の若い人々が、この課題に突破口を開くパイオニアとなった。一般に、新たな産業を育てることは、容易ではない。政府が取り組んでもうまくいかないことが多い。ましてや、民間企業がそれに取り組むには、大変な困難がともなう。技術の習得、市場の開拓、そのための資金の獲得と投資、成功したとしても、他の企業に真似されて投資が回収できないリスク、などなど。それについては、例えば、ダニー・ロドリックをはじめとして、多くの研究がある[40]。しかし、パラグアイで見事にその困難を乗り越えた人たちがいる。いかにして乗り越えたか、以下はその感動的な歴史である。

---

40) 例えば Rodrik（2007）

2. 大豆・配合飼料・畜産・食肉加工クラスター構築に挑戦する

内陸国パラグアイの不利な立場を逆手に取る

　パラグアイにおける大豆生産の拡大は、綿花に代わる輸出収入を可能にし、しかも綿花をはるかに超える輸出規模の達成も可能にした。しかし、大豆という一次産品を輸出する場合、国際価格は、シカゴなどの穀物取引市場で決まり、パラグアイの農家が受け取ることができるのは、その市場までの輸送コストを差し引いた価格となり、輸送網の整備されていない内陸国パラグアイでの農場渡し価格は非常に不利となる。これを克服する一つの方法は、パラグアイで加工して付加価値を高めたうえで輸出することである。これには、パラグアイに、大豆生産から、大豆ミールを使用した飼料生産、家畜飼育、食肉加工とその国内市場への販売または、輸出からなる、生産チェーンの確立が必要となる。そして、それを支える様々な産業（このプロセスに必要な農業投入財の生産、輸送・ロジスティック、金融を含む多くの産業）からなるクラスター（企業・産業の集積）を構築することが不可欠となる。

飼料・畜産・食肉クラスターのパイオニア達

　大豆・飼料・輸出向け豚肉と加工品のクラスターの構築に最初に挑戦したのが、田岡ヨシアキさん（田岡功さんの長男）等のウピサ社（イタプア生産者連合）を創設した人々であった。2000年代ウピサ社は、多くの困難を乗り越えつつ発展し、パラグアイ産業多角化のパイオニアの役割を担ったといえる。

　田岡功さんは、回想する。[41]「穀物を現物でそのまま販売するのではなくて、将来やはり畜産、あるいは、農業の中で付加価値をつけていくには、

41）田岡功氏は、日本人移住地の一つラパスが、1986年の移住50周年の年に新しい市として独立して以来、2004年までラパス市長を務めた（途中1期だけ、市議会議長）。1999年、2001年、ラパス農業協同組合の組合長。その後、在日本パラグアイ大使を務めた。

どうするか。日本人の農協にも、その様な考え方はあった。それは、後に農協も取り組むこととなるが、その当時は、農協が自ら動くまでには至らなかった。そうした中で、地域の有志が集まって、食肉加工を行う会社を作る機運が高まった。」その中に、ラパス農協のメンバーも数人加わったが、そのリーダーの一人が田岡さんの長男ヨシアキさんであった。そのグループの中には、フラムのトルチュール銀行とか、当時の市長で、後にウピサ社の社長を務めたイレネオ・エンゲルマン氏などが有力メンバーにいた。ウピサ社は1998年に設立され、その工場は2000年に稼働した。

海外に輸出できる食肉加工には、乗り越えなければならない多くの困難があった。「輸出するには、使った水をきれいにして元の川に戻すといった国際的環境・衛生基準を満たさなければならなかった。そうしたことから、多額の費用がかかるため、諦めたメンバーもいた。」そうした中、粘り強く頑張ったのが、田岡ヨシアキさんやエンゲルマンさんなどであった。そして、ブラジル人やアルゼンチン人の専門家を受け入れながら、技術を取り入れた。

豚肉加工は、パラグアイではウピサ社のほか、オチ社もスツデンコ社も行っている。3社の味は、それぞれ特徴がある。ただ、この中で輸出も行っているのは、ウピサ社だけである。スツデンコもオチも輸出許可をとるために必要な環境・安全設備を持っていない。それに対して、ウピサ社はもともと輸出向けを考えて創業した。

困難な輸出市場の開拓を乗り切る

ウピサ社が輸出企業として成功するには、輸出先を探すこと、安定的に原料の豚を確保することが欠かせない。周辺のブラジルやアルゼンチンは、すでに食肉加工産業が育っており、両国への輸出は容易ではない。他の市場を開拓する必要がある。また、国内で価格が上がると農家は豚を国内向けに売ってしまうので、食肉輸出継続に必要な原料（豚）を確

保できない事態が生ずる。まずは、肉そのものをロシアに輸出することから始めたが、必要な費用の確保のためには、銀行から融資を受けなければならず、田岡ヨシアキさんは、自分の財産を担保にいれるようなことも必要だった。また、ウピサ社が安定した操業を続けるためには、農家からの豚の購入を、一定量確保していなければならないが、一般の養豚農家は、価格の高いところに売ってしまうので、必ずしもウピサ社には、売らない。そこで、田岡さんたちは、価格面ではたとえ不利でも、自ら率先して、ウピサ社への安定的な納入を着実に行うようにした。

　「これは、創業時のウピサ社が直面した最大の困難の一つだった。しかし、国全体からすれば、国内市場だけに依存していれば、生産が増加した時に、価格が暴落して、養豚農家が大きな損失を被ることとなる。それを避けるためには、輸出市場を拡大して、養豚農家の販売先を多様化する必要がある。しかも、これは、パラグアイの輸出品の高付加価値化にもつながる。これは、すべての養豚農家にとって、プラスとなるのだが、一般の農家は、どうしても目先の利益を優先してしまう。」田岡さんたちは、長期的に必要な豚肉の加工と輸出の体制を確立することに、挑戦し全力を尽くした。

クラスターのコアとなったウピサ社と農協

　良質の配合飼料を確保することも課題だった。上流から下流までの、生産チェーンを構築することの重要性はここにある。「120日で110キロ以上の豚の肥育を行う必要がある。これを確保するためのカギを握るのが飼料だ。適切な配合の配合飼料があれば、それは可能だ。ラパス農協では、組合員で、養豚農家がおり、配合飼料工場を建設するべきだと言う機運が高まっていった（後述）。配合飼料の配合の技術は重要で、肥育で110キロを確保できる飼料でなければならない。子豚は大体5～6キロで、そこから、1日1キロ位の肉が付かなければならない。農協は、コンピュー

タで配合飼料の成分を調べる。農協の直面する課題は、組合員から買う配合飼料の原料となる穀物（トウモロコシ、コウリャンなど）は、できるだけ高く購入する必要がある一方、生産した配合飼料を組合員に売り渡す時は、できるだけ安くしなければならないというジレンマである。そこで、農協は、安い時期に仕入れて蓄えておいた穀物で配合飼料を作る必要がある。しかし、言うは易く、実際、これはなかなか難しい。高い質を維持しながらこれをいかに行うかが、技術者の腕の見せ所だ。だから、配合の割合などは、秘密事項だ。しかも、豚肉の味も配合飼料生産の際に添加するもの（塩など）と、大きく関係している。」

　従って、大豆を集荷し、飼料を生産し、それを養豚農家へ供給するという点で、農協とウピサ社の関係は、重要である。これが、クラスターの中核をなす。そのような農協の一つがコロニアス・ウニダス農協である。「コロニアス・ウニダス農協は、ウピサ社の出資者であると同時に、飼料の供給者でもあり、ウピサ社と緊密に連携している。[42] 農業協同組合として、養豚農家に、子豚と飼料を提供し、組合員農家の豚の飼育（サービス提供）に対して、支払いを行う方式を採用している。従って、ウピサ社は、農家からではなく、コロニアス・ウニダス農協から豚の購入を行うかたちとなる。ウピサ社の豚の購入規模は、コロニアス・ウニダス農協から、月平均5,000頭で、グランハ・ニドなどの他からの購入と合わせ7,000頭、多い時には10,000頭にもなる。平均すると7,000頭程度。これを処理・加工して、豚肉と加工品（広くエンブティード総称される、ソーセージやチョリソと呼ばれる香辛料のきいた腸詰め）を販売する。月に7,900トンの肉と、4,000トンの加工品を生産する。養豚農家は、ラパス農協からも配合飼料を購入する。」
（ラパス農協については、後に述べる）

42）田岡氏の他、イレネオ・エンゲルマン、オレアヒノサ・ラッツ、コロニアス・ウニダス農協などがウピサ社の主要株主となっている。

パイオニアとなった動機と困難を乗り越える強さ

　田岡父子、特にヨシアキさんが、輸出向けの食肉生産加工のパイオニアとなる企業の創設に積極的にかかわることとなった動機と背景は何だろうか。ヨシアキさんは、第2世代である。当初ブラジルで学ぶことを考えていた。しかし、移住地の周辺にも大学が設立されることとなった。農学部などからなるカトリック大学のイタプア・キャンパスである。この大学の創設には、田岡功さんも参画している。ヨシアキさんは、ここで学ぶことを選択する。そして、そこで学ぶ中で、日本人社会を超えた交流が可能となり、広い視野から、パラグアイの発展に向けた課題にも目を向けることができた。移住者として入植し、安定した農業の確立に専念せざるを得なかった1世の日本人には、なかなかできないことであった。ヨシアキさんが振り返る。「この地域では、日本人とウクライナ、ドイツなど他の国々から来た人々との交流があった。交流の中から多くを学び合い、新たな取組みが生まれていった。コロニアス・ウニダス農協の関係者とも知り合った。米国も訪問した。米国の主要穀倉地帯では、冬雪に覆われて生産ができないことも知った。」ヨシアキさんは、自分の地域をよく見据え、その特徴を知らなければいけないと考えた。イタプアは、一年中生産ができる。だから多角化もできる。これを活かさなければならないと考えた。[43]

　しかし、ウピサ社の直面した困難は大きかった。田岡功さんが回想する。「養豚農家としては、息子は、ずっと赤字続きだった。赤字が原因で、ウピサ社から離れた人たちも少なくなかった。息子や、他の少数の人が残った。普通の小規模の養豚農家は、詳細な利益計算をしない。赤字になる時は、小麦のフスマが高い、大豆の相場も高い時。これらは、国

---

43) こうした考えに立って、田岡ヨシアキ氏は、地域の資源をいかに生産チェーンに活かし、生産の多角化と高付加価値化に結び付けるかが重要だと考え、それを実践してきている。ウピサ社を通じて、高付加価値化を目指すが、同時に、農業では、裏作を含め2年で5作を原則とし、このほか、果樹、低地での稲作も行うこと、豚の肥育を行うことで、自らの農園における多角的農畜産業を実現している。さらに、籾を床に敷いて豚の肥育を行い、その籾を、農地の肥沃度を高めるために用いるという、環境に配慮した農業と畜産の相乗効果を目指す生産も実践している。

際相場にそって上がる。すると配合飼料が高騰する。しかし、肉の相場は、変わらないので赤字になる。一方、国際相場が下がると、養豚の利益があがることになる。だから、飼料の保管が重要になる。養豚農家も多少の保管はするが、それにはコストもかかる。」

大豆や小麦の相場に加え、遠い輸出市場ならではの困難もあった。「輸出には、いろいろ苦労もした。ロシアの港はすぐ凍ってしまうので、荷揚げできずに戻ってこなければならないこともあった。だから、ロシアには、6月〜8月の3カ月のうちに輸出しなければならなかった。また、国によっては、受取を拒否されたこともあった。リーマンショックのあと、ロシアからの支払が滞り、ウピサ社は、地元の銀行に多額の負債が積みあがったこともある。はじめてやることは、大変なのだ。」

「豚が工場に届いてから、加工し、輸出するまでに、90日かかる。そのうち、国内部分が、45〜60日だ。しかし、養豚農家には、30日以内に支払わなければならないため、輸出の場合は、特に、多額の運転資金が必要になる。生産規模が大きくなるほど、運転資金が必要となって、軌道に乗せるのが大変だった。」田岡さんをはじめ、ウピサ社の出資者の多くは、養豚事業も行っていたから、様々な困難にも耐えた。「銀行もこの事業の出資者を良く知っていたから、融資を継続してくれた。しかし、日本人が信頼されていた、真剣だということを関係者みんなが知っていたことも重要だ。コロニアス・ウニダス農協はもとより、ナランハル農協、ピィンドー農協、ラウテーニャ農協、ブラジル人の農協も、我々を信頼してくれた。」

ウピサ社は創設から10年余りで、困難を乗り越えつつ、着実な発展を遂げた。このことについて、国連ラテンアメリカ・カリブ経済委員会（UN-ECLAC）とJICAが行った研究[44]は、ウピサ社をはじめとする食肉メーカーが、大豆・飼料・食肉からなる生産チェーンを完成させたと述べたうえで、

---

44) ECLAC/JICA（2014）

「成功裡に輸出を行い、速やかに成長したのは、ウピサ社のみである。それは、最適な生産プロセスを実現したことによるものである」と指摘している。前述のプロセスにより、図4-4のような大豆、飼料、養豚、肉・加工品生産クラスターが形成された。

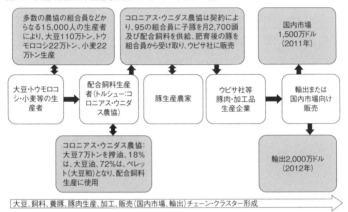

図4-4 大豆・配合飼料・畜産・食肉加工クラスター（イタプア県）

注：図の中の数字は、2010年前後の状況を示す
出所：UN-ECLAC／JICA（2014）の147ページの図、インタビューなどに基づき筆者作成。

3. 高付加価値農畜産業への多角化：パラグアイの養鶏・鶏卵産業の発展をリードする

積み重ねた試行錯誤

ウピサ社は、豚肉とその加工品の生産、輸出で、パラグアイの産業の多角化、高付加価値化に貢献したが、養鶏と鶏卵の生産でそれに貢献

---

45) 日本政府、JICA も、ウピサ社を中核とする生産チェーン、クラスターの発展を支援した。例えば、農産物をはじめ、物資の輸送のコスト低下に大きく貢献した道路、ルータ・グラネーロ・デ・スルの60キロメートルの未完成部分は、田岡氏の尽力もあって、2KR（食糧増産援助）の積立資金で完成した。また、JICA のシニア海外ボランティア、ブラジルからの第3国専門家が豚肉輸出に協力した。JICA の支援で作った、輸出するための養豚マニュアルは、ウピサ社が輸出のパイオニアとなることに寄与した。

したのが、前原弘道氏とその家族であった。前原さんの場合、養鶏に出合うまで、試行錯誤の連続であった。出会ってからも道のりは平坦ではなかった。養鶏と出会うまでを、前原さんは次のように回想する。

「パラグアイに来てから、まず、バナナに3回挑戦した。しかし、バナナは霜に弱い。霜の少ないところへ、2〜3ヘクタール植えた。エクアドル、ブラジルの湿地帯も見にいった。」「3回目は、2回の経験を参考に、イスラエルまで行き、大金をかけて40ヘクタールの全自動潅水設備を導入して万全の体制で臨んだ。[46]」「大変だった。泥の河に橋を架けたりして、貯水池、水門を作る工事もした。120馬力のモーターを2基据えた。ブラジルのカンピーナスの大学の先生からも指導を受けた。土の中に鶏糞を入れたがダメということで、鶏糞が使えないことが分かった。」

パイナップルも前原さんが最初に導入した。しかし、これも難しかった。「パラグアイ人は、新しいものは食べない。15頭の乳牛で酪農も始めた。青果物もやった。野菜は、母親が病気になって、アスンシオンに出てきたところ、3〜4家族しか、野菜を作る人がいなかったから手がけた。トマトなどに挑戦した。トマトは、多い時は、40家族以上が栽培するまでになった。トマトは、1週間かけて、貨車でアルゼンチンのブエノスアイレスに輸出していた。その後、トラックで出すようになる。ところがアルゼンチンの北部のコリエンテスでタバコを温室で作っていた農家が、そのタバコに病気が入ったので、温室の中でできるものを探した。そして、なんと、代わりにトマトを作るようになり、パラグアイからのトマトは、輸出できなくなった。」

養鶏との出会い

続けて、前原さんが回想する。「養鶏との出会いは、ブラジルに勉強に行ったことがきっかけだった。ブラジルでは村を回る行商が多い。こうし

46）この文章は、前原深・前原弘道氏の近著による。前原深・前原弘道（2014）、172ページ。

た人たちが泊まるペンションの相部屋でいろいろな情報を教えてもらった。[47]
ブラジルの農家で一番裕福なのは、養鶏だと聞いた。それは1年に1回しか収穫できない農業と違って日銭が入るからだという説明だった。JICAのブラジルの移住地で、養鶏で立ち直ったところがいろいろあったと聞いた。しかし、『阿呆の鳥飼』といって、父親に反対された。」

それでも、前原さんは養鶏に挑戦した。まず、前原さんの弟がサンパウロに養鶏を学びに行った。「1968年500羽のヒナからはじめた。最初は2万羽か3万羽の規模になるのが望みだった。それが、100万羽の養鶏企業に発展するとは予想もしなかった。[48]」しかし、その道のりは、決して生易しいものではなかった。「1974年からブラジルから大量に卵が入ってきた。また、病気も発生した。アルゼンチン、ブラジルから安い密輸品が入ってくる。アルゼンチンのトウモロコシは、パラグアイよりも安い。飼料も当然安くなり、卵の過剰生産が起こる。その結果、まったく非現実的な価格で売られる。これには対応できなかった。」

事業拡大への転機

しかし、転機が訪れる。「1982年コロール大統領になってブラジルの為替政策が変わり、ブラジル通貨が100パーセント切り下げられたことから、ブラジルの卵の値段が倍値になって、ブラジルから卵が入ってこなくなった。ブラジルとパラグアイで値段の差がある時は、密輸を止められない。それがなくなれば、輸入するメリットはない。だから、ブラジルからは輸入されなくなった。そこで、1986年にブラジルから獣医を雇い、それまでの10万羽から20万羽に増やした。」

---

47) 前原深・前原弘道(2014)は、この点について、次のように述べている。「パラグアイに移住して数年後から、毎年、ブラジルへ視察に通った。農家の視察になるので、宿は田舎のペンションだった。その当時のブラジルでは、訪問販売形式だったから、日本からの移住者で、農薬、肥料、種子、養鶏のヒナ、飼料、機械等の営業マンがたくさんいた。宿で、それらの人たちと一緒になるし、お互い1世だから言葉の問題もなくブラジルの情報がいっぱい得られた。」(181ページ)
48) 前原深・前原弘道 (2014)、177ページ

それより先、1979年に前原さんは卵の直売店を作っていた。「それまでは、委託販売だったが、委託された者は、積極的に売ろうとしない。直売店で自分でやってみるといろいろとわかる。鶏卵の生産だけでやっていけるということが、これでわかり、トマトはやめ、卵に集中した。鶏卵の生産で最大になった原因は、産業開発基金（Fondo de Desarrollo Industrial）から、350万ドル借りて拡大したことによる。その前に、日本、ヨーロッパ、米国、メキシコなどから、技術を学んだ。当然ブラジルからも技術を学んだ。1997年には、35万羽。そこで、産業開発基金からの融資（1998～1999年）で、鶏舎の自動化、飼料工場、サイロ、などに投資した。これで、65万羽に増やした。借金した後、グアラニー（パラグアイの通貨）の切り下げがあり、債務はかなり減らすことができた。ベルトコンベアによる全自動の卵の分類設備をいれた。パラグアイでは、この機械を導入したのは、我々が最初だった。」当時、韓国人が、カリフォルニアから技術をいれたが、当時の最先端の技術は、前原さんが導入したヨーロッパの技術で、ブラジルの大手業者もこれを入れていた。

上流から下流まで：一貫体制の構築

こうして、この大規模な投資を経て、前原さんと家族の鶏卵生産事業（スペイン語の会社名は、グランハ・アビコラ・マエハラ、以下前原農産と略す）は2000年代に一層の発展を遂げた。そして、原料確保から生産物販売までの一貫した生産体制を確立した。この頃に、ウピサ社が事業を起こしたことは、先に述べた。前原さんの事業における特徴は、生産チェーンの上流から下流までのほとんどすべてを自社で一貫生産する統合した体制を構築したことである。前原さんが強調する。「当社と他社との違いは、ヒヨコからの飼育、飼料の配合、卵の生産、販売と、川上から川下までのすべてを一貫して行っていることにある。ヒナの規模は500万羽でないと採算に合わない。しかし、パラグアイの市場規模では、200

万羽しかないので、ブラジルから持ってくる。コンチネンタル・グレインの工場から、配合飼料の原料を買う。コロニアス・ウニダス農協とも1995年から2010年までにわたって取引した。この農協の搾油工場から大豆ミールを買った。1キロ分の鶏肉の生産に、配合飼料2～3キロが必要で、配合飼料の品質は重要だ。」

「現在100万羽に達しているが、異なる年の鶏の組み合わせを維持しなければならない。これが養鶏の最も大変なところだ。産み始めてから70週間かけて生産する。そのため、300人雇用している。卵の箱も作っている。生産方式は最先端の方式だが、従来の方式を併用している部分もある。販売網には、生産部門とは別に100人位が働いている。合計で400人が働く。そのほかにも100家族の独自のルートで販売する人たちがいる。卵の卸売りの人もいる。」

一貫生産の重要なメリットは、鶏卵の品質のカギを握る飼料の自社配合である。前原農産では、1時間当たり30トンの生産能力のある自社飼料工場で配合飼料を生産する。ここで、鶏の健康状態や環境の変化に適応したプログラムを組んで生産している。状況に適応したプログラムをコンピュータで組みブレンドする。生食緑餌のニラを混ぜる。[49]鶏卵事業を視察した佐々木直氏に、飼育管理を担当する前原弘機さんは、次のように説明している。「自社で飼料設計して給餌するようになって、鶏の健康状態が見違えるようによくなりました。病気が激減し、高価な薬代や治療の手間も不用になって助かります。生存率、産卵成績、卵の品質向上につながっています。ニラはヒナには毎日、成鶏にも隔日で与えています。ニラの給餌効果は絶大です。」

良質な飼育原料をタイミングよく確保するために、大豆搾油工場も建て、貯蔵のためのサイロや倉庫も備えている。すべて自社敷地の中にあり、輸

---

49) 以下本パラグラフは、佐々木直（2007）165-167ページによる。

送コストと生産コスト全体のコストダウンと品質改善の効果が一貫生産体制によって生まれた。まさに、自社内に主要関連産業を集積し、鶏卵クラスターを形成したといって過言ではない。

また、前原農産は、「ウインドウレス鶏舎」をいち早く導入した[50]。一棟で5～6万羽を飼育でき、給餌、光線のあて方、衛生管理、集卵、糞の排出、卵の選別が、コンピュータによる全自動システムで行われる。そのメリットとして、高い生産性のほか、年間を通じて適温を保つことができる、直接、外気の影響を受けない、環境公害の心配がない、鳥インフルエンザのような外部から侵入する病害対策ともなることが挙げられる。

前原農産の養鶏コンプレックス
出典：Evolución 日本人移住80周年記念誌

卵といえば「ジェミータ」：国産ブランドの確立

先にも述べたように、前原農産は、絶えずブラジルからの輸入品と競争しなければならなかった。ブラジルの輸入品に高品質で勝負するとともに、国産ブランドを確立することで、差別化に成功した。スペイン語で、卵黄は、yema（ジェマ）であるが、それと農場の所在地Itaを重ねてYemita（ジェミータ）とした。スペイン語では、語尾のitaは小さいもの、可愛い

50）以下本パラグラフは、佐々木直（2007）168-169ページによる。

ものを意味する。これによってジェミータは、今や、パラグアイの卵の代名詞となり、「卵といえばジェミータ」と言われるほどとなった。[51]

表4-1 パラグアイの鶏卵生産

	生産量 (日量)	年間 生産量	鶏頭数	年間1人 当たり鶏卵 消費数	同比率	配合飼料 使用料 (日量)	商標 (所在地)
グランハ・ マエハラ	83万個	2億9,880 万個	110万羽	63個	46.1%	115トン	ウエボス・ ジェミータ (イタ)
ラス・ タクアラス	60万個	2億1,600 万個	80万羽	46個	33.3%	不明	ヌトゥリ ウエボス (ビジェタ)
その他	37万個	1億3,320 万個	60万羽	28個	20.6%	不明	
合計	180万個	6億4,800 万個	250万羽	137個	100.0%		

出所：Ortiz Trepowski, Emilio et al.(2014)、73ページに基づき、筆者作成

現在、前原農産は、日量約80万個の卵を生産し、パラグアイの国内生産の半数近くを占めている（表4-1参照）。パラグアイの研究機関が行った2010年前後の資料に基づく調査によれば、パラグアイ人の年間1人当たり卵消費量は、137個と先進国の250個以上（FAOは300個を推奨）に遠く及ばないが、国産の大豆が、国産飼料を経て、さらに栄養価の高い

ジェミータのトレードマークで知られる鶏卵　　　　　　　　　　提供：前原農産

51）このパラグラフは、佐々木直（2007）170-171ページに基づき執筆した。

良質の鶏卵となって、国内で消費される体制を確立するのに、鶏卵産業のパイオニアとして、前原農産は大きく貢献したといえる[52]。その功績が認められ、日本の通商産業大臣賞が授与された。

4. 大豆と並んで、小麦の一大産地へ[53]

小麦生産の決め手となった製粉工場

2000年代の初めの10年は、パラグアイが小麦の自給を達成し、輸出を開始したことでも重要であった。日系の農協は、その先駆的役割を果たした。各農協はパラグアイの産業多角化、高度化の動きに、それぞれ独自の戦略で臨んだ。例えば、小麦関連では、日系の農協の中で、最初の小麦製粉工場を建設したのは、イグアス農協であった（1998年稼働）。ピラポ農協も早くから小麦生産の普及に取り組んだ[54]。一方、生産チェーンの構築という、本章の視点から注目されるのは、ラパス農協の取組みである。ラパス農協は、組合全体で、大豆の裏作としての小麦生産を推進し、製粉事業を開始し、続いて飼料工場の建設、畜産の振興に取組んだ[55]。その経緯をラパス農協の後藤吉雅組合長が、こう説明する。

「この地域は、パラグアイの中でも小麦の主要産地。組合も尽力したが、政府が小麦の自給自足を目指した点もプラスした。しかし、組合員にとっては、製粉工場がないので不利だった。買いたたかれることもあった。

---

52) Ortiz Trepowski, Emilio et al. (2014) 72-73ページ。なお、前原農産は、鶏卵の生産の他、チャコ地方での大規模な牧畜などの事業も行っているが、本章では、鶏卵事業に焦点を当てた。

53) この稿は、ラパス農協組合長、後藤吉雅氏へのインタビュー及び章末の参考文献を基に執筆した。

54) 長年にわたり農協の営農担当理事として小麦の普及、指導に当たってきた二瓶清七氏は、1982年に農牧省から表彰された。ピラポ農業協同組合 (2010) 135ページ

55) 本稿では、ラパス農協の小麦生産、製粉工場、飼料工場、畜産振興に焦点をあてるが、この地域は、大豆生産でも先駆的役割を果たしてきた。イグアス農協は、不耕起栽培発祥の地として、パラグアイでよく知られているが、ラパスは大豆栽培発祥の地であった。大豆栽培を思い立ったのは、久岡源二氏で、やっと原生林を伐採した1.5ヘクタールの地に将来輸出農作物となると言って大豆を植えたという。(子息の久岡寛氏による) 久岡源二氏は、1976年、最初の大豆生産者として大統領から表彰された。また、1960年代初期までは、脱穀は手作業で行われていたが、移住者の手によって、1960年代には、平岩式、田辺式などの大豆専用の脱穀機が次々と製造・販売された。パラグアイ日本人会連合会 (2007)、205-206ページ。(第1章参照)

107

製粉工場を建設しようとしたが、初めの頃は、電気も来ていなかった。ようやく電気が来たのは、1988年6月。電気が来て、道路も整備されるようになって、工場建設の機運が高まった。2003年に製粉工場が完成した。」

製粉工場と落成式
提供：JICAパラグアイ事務所

完成した製粉工場
提供：JICAパラグアイ事務所

「建設資金を確保するため、出資金を増やすかということとなった。約70人の組合員は、皆、賛成した。技術は、皆知っているようなことを言っていたが、実際やってみるとわかっていなかった。たまたま、運が良くて、アスンシオンの製粉工場で働いていた技師から、ラパス農協の製粉工場で働かせてもらえないかとの申し出があった。この人が働いていたのは、MHP社の工場で、一時期は国内の60〜70%を供給していた。ここで、15年も働いていたこの技師は、パラグアイのどこの製粉工場にもいないであろう我々が必要としている人だった。製粉所の機械は、ベストなものを買った。この技師が来る前に、機械は買ってあった。最初から、組合員が生産する約25,000トンの小麦全量を製粉できる規模の工場にする考えだった。パラグアイで一番高い価格で売れる高品質の小麦粉を作ることを目標に掲げた。」

しかし、多くの困難にも直面した。「例えば、2013年8月末には、経験したこともない晩霜がきて、大きな被害があり、ウルグアイから小麦を輸入しなければならなくなったこともある。技術の習得も大事だった。毎日パンを

焼いて、小麦の質をためし、工場の職員は技術を覚えていった。この技術指導はその技師に委ねた。しかし、この技師は、アスンシオンに新たに計画された製粉工場建設に係わる事となり、農協の製粉工場を辞めた。」

「製粉所が軌道に乗ったことの効果は大きい。まず、農家の小麦販売価格。他のところ（一般の製粉所など）に売るよりも少なくとも1割、時には、2割高く売れる。これは、小麦栽培を促進することにつながる。小麦の本格的輸出は2000年頃から始まっている。農協からは、製粉工場ができる前には、ブラジルに輸出していた。」パラグアイは今日、世界10位の小麦輸出国となった。パラグアイにとって悲願であった、小麦の国内自給が可能となっただけでも、快挙であったが、輸出国となったことの意義はさらに大きい。

大豆の裏作としての小麦生産を定着させた日系農協

2000年代に可能となった小麦の輸出は、大豆の裏作としての小麦生産を定着させた日本人移住者や、それを推進した日系の農協の貢献が大きい。このことについて、例えば、『ラパス農協創立40周年を迎えて』という挨拶文の中で、吉田長栄氏は次のように述べている。「入植当初は無に等しかった大豆と小麦の連作体系を試作研究して、現在のような機械化農耕による作付けコンビネーションを作り上げました。このパターンを成功させたことについては、我々日系人には大きな自負があります。というのは、この作付体系が成功するかどうか、不安げに見守っていた外国人移住者も、現在ほとんど真似しているからです[56]。」

「もともと、小麦をパラグアイに最初に持ち込んだのはウクライナからの移住者。パラグアイでは、はじめミシオネス県を小麦生産の中心としようとしたがうまくいかず、小麦の生産に成功したのは、ここイタプア県。今や、

56）ラパス農業協同組合（2012）139-140ページ。

大豆のみならず、小麦の一大産地となった。パラグアイ政府が1975～1976年、小麦自給政策を打ち出し、そのために、日本人専門家を中心に地域農業研究センター（CRIA）で小麦（特にこの地域にあった暖地小麦）の品種の開発を1980年代に始めました。我々とっては、日本人専門家の開発した品種がもっともこの地域に合っていたし、生産性も高かったのでそれを用いた。この品種が出たことが、小麦生産を大きく変えた。そのベースを作ったのは、CRIAに派遣されていた日本人専門家です。その後、この品種をもとに、品種改良を重ねて今日に至っている。」（CRIAについては第3章参照）

　ラパス農協の小麦と小麦粉の品質は高い評価を受けた。『ラパス農業協同組合40年のあゆみ』は、品質について次のように述べている。「当農協の何よりの強みは、良質の小麦を保有していること、これにより品質の良い小麦粉を供給できるということで、国内各地より好評と信用を得てきた。あわせて、価格面にもその効果が表れている。[57]」製粉工場で生産する小麦粉の商品名は「ラパス農協」（Coop.La Paz）と名付けられ、この機会に農協のロゴマークが作られた。製粉工場の操業開始と同時に、製粉用小麦を貯蔵するための、サイロの増設も2003年に決定した。[58]

飼料生産で畜産の拡大と地元経済の活性化へ

　製粉工場成功は、さらに二つの点で大きな意義があった。一つは、地元経済の活性化である。もう一つは、農協の事業のさらなる発展となる、飼料工場建設の原動力となったことである。

---

57)（同書籍75ページより引用）大豆と小麦の一大産地となることを目指して取り組んだ経緯は、この書籍に詳細に書かれている。（同書籍、p.35）裏作とはいえ、大豆の減収を小麦でカバーした年もあり、小麦の生産拡大の意義は大きい。そして、小麦の増産は農家にとっての経営の安定に寄与したのに加え、国にとっては、輸入に依存せず、小麦の輸出が可能になることを意味した。1987年に農牧省が目指していた、国内需要を満たす小麦の生産量22万6,000トンが達成されたとされる。（同書籍47ページ）

58)（同書籍71ページ）

第4章　日系社会が挑む農畜産加工クラスターの形成

　「製粉工場、飼料工場の職員も含めて、今日、ラパス農協の職員数
は、150人となり、家族数でみれば600人となる。組合員数も2000年は103
名だったが、2014年には150名に増えた。そのうち、90名が実際に農業
をやっている。組合員は全体で、150人から200人程度の人を雇っている。
これらの家族が600人強とすれば、全部で1,500人程度が直接農協にか
かわって暮らしているといえる。ラパス市の人口は、2,500人だから、農協
の地域経済への貢献度は大きい。地域経済の活性化でラパス市の治安
も、前に比べずっと良くなった。このような、大豆から始まった農業の変化
が広がり、地域社会にも裨益していったのは、2000年代であった。」

　「そして、農協にとっては製粉工場の収入で余裕がでてきた。それに
よって、2010年に飼料工場を建設した。これには、製粉工場から出る小
麦のフスマを使っている。大豆粕は、外から買ってくる。牛の飼育用の飼
料には、フスマを多く混ぜ、養豚、養鶏用の飼料には、トウモロコシを混
ぜる。飼料工場の技術は、外からのアドバイスもあるが、製粉工場の技
師も貢献している。この農協の飼料工場の製品は、他と微妙に違い、そ
の違いを売り物にする。飼料は、1カ月後にはじめて違いがわかる。一番
大きな違いが出てくるのは鶏卵で、良い品質でないと卵生産者に大きな迷
惑をかける。社会的責任が非常に大きい。」

　「畜産関係者は、うまくいかないと、みな飼料のせいにする傾向があ
る。ラパス農協から、獣医がすぐに行って何が原因かを調べる。肉牛を
飼うのがブームになっていて、昔は廃棄していたサイロで選別される大豆な
ど穀物の選別カスを使うようになった。これにラパス農協の飼料を混ぜる。
飼料工場は、何とか採算はあっている。小麦は、ほとんどの組合員が生
産している。組合員は、トウモロコシは農協が使う量の半分ぐらいしか作っ
ていないが、トウモロコシは売りにくいので、飼料工場は組合員にとって、
この点でもプラスになっている。飼料工場をバネとして、多角化を図りた
い。今後の方向としては、当面ブロイラー。卵は難しい。そのためには、

飼料工場　　　　　　　　提供：JICAパラグアイ事務所

人材が必要だ。」

　このようにして、ラパス農協は、大豆を中核に、裏作としての小麦の生産、その製粉、さらに飼料工場と生産チェーンの拡大を、自ら着実に進めてきている。そして、今、畜産の拡大を視野に入れている。しかし、組合の性格上、組合員の意向を尊重し、その合意に基づく慎重な運営を重視している。「農協の組合員には、様々な規模の人がいるが、農協がなかったら、小規模の農家は、農業を続けられず、大規模の農家だけが残り、格差も広がったと考えられる。農協がなかったなら、個々の農家では、立場が弱く、買いたたかれたり、銀行からは、資金をかりにくく、農業経営は、ずっと難しかったであろうと思う。」

　「製粉工場は、5年赤字といっていたのに、1年目から黒字となった。だまされたりしたことが少なかったのは、現場の担当がしっかりしていたことによる。組合員の姿勢も重要。地味にコツコツとやることが大事。そういう人を大事にする。外部の人間に任せてしまうと失敗する。飼料工場での、配合の仕方は、大体定着している。」

　生産チェーンの着実な拡大を進めていくためには、技術への投資が欠かせない。ラパス農協は、この点にも力を注いでいる。「組合は、規則上、利益の10%を教育基金に積み立てることとなっているが、この基金を

畜産試験場（農協が運営している農業・畜産試験場）のためにも使用している。この試験場で、獣医が農協の飼料を使ってその効果を確かめ（卵の産卵率等）、よその飼料と比較することもしている。かなりの資金を使っている。肉牛、豚、鳥の飼料の効果試験をやっている。ないのは、乳牛だけ。どういう配合がいいかを調べる。農業の試験もやっている。農薬の試験、品種の試験が中心。だが、主体は畜産だと考えている。畜産振興をしたい。」これらの取組みは、ラパス農協、その組合員、そしてこの地域の農畜産生産における、さらなる高付加価値化、多角化を可能にするであろう。

※第4章の参考文献は、第5章の参考文献と共に、第5章末に掲載されている。

コラム③　ラ・コルメナ移住地の再生とフルーツ祭り

　パラグアイで日本人が最初に入植した場所はラ・コルメナです（1936年）。首都のアスンシオンから車で約2時間半という好立地を生かし、アスンシオン向けの野菜、果物を生産しています。日本の支援により上水道や道路状況がよくなった半面、アスンシオンに近いということで優秀な日系子弟が故郷を離れ、首都で働くようになり、大豆生産で潤う他移住地とは様相がやや異なります。

　このままでは日系人口も減少し、パラグアイ最初の移住地ラ・コルメナは日本色が薄まるばかりです。ラ・コルメナの日系社会のみならず、他移住地の日系社会もラ・コルメナの行く末を心配していました。そこでラ・コルメナ移住地を再活性化する計画が持ち上がりました。

　JICAも支援し、日系社会のみならず、ラ・コルメナのパラグアイ社会の声も聞きました。しかし、病院のベッド数が足りないとか、道路の改修が必要だとかの意見が多数を占め、なかなかラ・コルメナ全体を再活性化するようなアイデアは出てきませんでした。何回かミーティングを重ねる中で浮かび上がってきたのが、ラ・コルメナの特徴である果物をテーマに何かできないかという意見です。

　最終的にまとまった案は、特産品であるブドウ等の果物が収穫できる時期に合わせ、ラ・コルメナでフルーツ祭りをやろうというものです。2012年の第1回フルーツ祭りは、前夜祭で音楽・ダンスで盛り上がり、お祭り当日も多くの人がアスンシオンから訪れ、市内パレード等で大いに盛り上がりました。帰りには市場より安いラ・コルメナ産の新鮮な果物を箱単位で買っていく来場者の姿が目立ちました。その後もフルーツ祭りは毎年開催され、日系社会とパラグアイ社会が一体となって運営し、今やパラグアイ国内でも恒例行事として認識されるようになりました。

　ラ・コルメナで生まれ、アスンシオンに出て行った日系家族もこの日

には故郷に戻り、フルーツ祭りを楽しんでいるようです。何かをきっかけに村おこしをしようというのは日本の地方部でも同じですが、ラ・コルメナでは、日系社会が長年取り組んできた質のいい果物を全面に押し出したのが成功の秘訣だったのではないかと思います。日系社会だけでなく、パラグアイ全土でラ・コルメナの果物の価値が再評価され、ラ・コルメナに住むパラグアイ人にとっても地元自慢の一つになっています。

　移住地も時とともに変化していきますが、先人の努力を尊び、そこに新しい息吹を入れることによって、移住地が再生されていくように思えます。まさに日本人DNAのなせる技です。

北中　真人

第5章

新たな産業の発展と輸出の多角化

細野 昭雄

1. 長年の技術開発とその小農への普及で可能となったゴマ産業の発展

トラックの荷台に乗ってアスンシオンへ

　白沢寿一さんは、1958年家族で北海道からパラグアイへ移住した。当時中学生だった白沢さんは、首都で勉強したいと思い立ち、交通機関もろくにない当時、トラックに乗せてもらってアスンシオンに向かった。この決断と情熱が、白沢さんの今日のゴマビジネスのルーツだ。「移住地にトウモロコシを買い付けに仲買業者が来る。買い付けたトウモロコシをトラックの荷台に山のように積み、それにシートを被せる。トウモロコシの上でよければ、アスンシオンにつれていくというので、乗せてもらった。落ちたら命が危ないと、シートを固定するロープとズボンのバンドをタオルで縛りつけて乗った。」国道とは名ばかりのエンカルナシオンから首都への道路は、当時は舗装もなく、雨が降れば、タイヤが沈むぬかるみになり、乾くと轍のあとが硬く固まる大変な悪路だった。「アスンシオンの学校に行くなど、誰も思いもよらなかったかも知れないが、私からすれば、アスンシオンが中央だから、そこで勉強したかった。」

　その前に、海外移住協会の主催で集団研修があり、15人の農業講習生の一人として参加した。「70日間にわたり泊まり込みで、早朝からの実習が始まる実に厳しいものだったが、ドイツ人移住地の見学やアルゼンチン訪問もあり、非常に充実したものだった。ピラポの農業試験場で行われたこの実習が、自然とかかわる農業に興味を持つきっかけとなった。その時の講習所の責任者の一人が、後にペルーでゲリラに暗殺された宮川さんだった。その後も親交があり、大変お世話になった。」

　その縁もあってアスンシオンで学ぶうち、しばらくすると、移住事業団が職員を募集しているから応募しないかという手紙が届いた。当時のひどい郵便事情で、2カ月遅れて届き、募集は締め切られていた。そのため、正式採用ではなかったが、日当ベースで資料整理などの仕事をするように

なった。学費がなかったので、仕事をしながら勉強を続けた。18歳頃のことだった。その後、「現採」として採用された。大学で経済の勉強を続けながら、事業団の仕事をしたが、残業が続き寝る時間もろくにとれない日々だった。「特に、決算・予算の時は朝帰りで、4時まで仕事をして家に帰り、シャワーを浴びて7時には出勤するハードな毎日だった。しかも、トイレットペーパーもまともにないという、大変な時代だった。学業は途中で断念せざるを得なかった。」

事業団勤務7年半後、事業団側の強い慰留を押し切って独立し、1971年輸出会社を立ち上げた。それが白沢商工株式会社（以下、シロサワ社と略す）[59]。それから、40年を超える月日が流れた。

『神からの贈り物』ゴマとの出会い

最初に手掛けたのが、落花生だった。当時は、輸出先がヨーロッパで、それから、次第に日本との関係が強まっていった。対日輸出は、始めは皮革や落花生が中心だった。ゴマの生産・輸出の可能性を考え始めたのは、今から20数年前にさかのぼる。いろいろきっかけがあった。1990年代の初め頃、パラグアイの小農による棉花の生産の衰退が目立ってきた。その背景には、世界の多くの国の棉花の増産があった。中には、多額の補助金で生産・輸出を進める国もあった。「30万もの棉花栽培農家は、棉がだめになると、都市に流れてきて大変なことになる。代わりになる換金作物が必要だと、パラグアイ政府の企画庁に派遣されていた本郷豊さんと話をしたことを思い出す。本郷さんは帰国されたが、残った自分が何とかしなければという思いで、小農にあった作物を探すことを心がけるようになった。」と白沢さんは振り返る。

---

59) パラグアイでは Shirosawa Co. SAIC として知られている。本章では、シロサワ社のゴマ事業に焦点をあてたが、同社は、ゴマの生産・輸出のほか、落花生の輸出とその加工品の生産、トウモロコシを材料とした加工食品を生産しており、後者は Yes-Yes の商品名で知られている。

第5章　新たな産業の発展と輸出の多角化

「ブラジルにいったり、アルゼンチンにいったり、いろいろ調査した。ブラジルの落花生栽培地域を視察していた頃、落花生と共にゴマを扱っている会社が1社あった。たいした量ではなかったが。当時、面白いと思ってそのゴマの種を取り寄せて、イグアス移住地で植えてみた。そうしたら、全然まだゴマに詳しくない時だったから、早霜にやられて全滅した。でも、経験はした。やられるとまたやりたくなる。しかも、小農に向いていることもわかる。家族の手で生産する作物で、機械化も難しいためだ。アルゼンチンやブラジル、米国のような農業大国からの競争にさらされることも少ないと考えた。それで、当時思いましたね。これは、『神様の贈り物』だと。」この言葉はその後よく使われるようになるが、最初に使ったのは、白沢さんである。

　ゴマは、ヨーロッパや日本などで、着実に需要が伸びている作物で、価格が暴落するような、大きな供給増加が起こるような作物ではない。しかし、ゴマを輸出する事業を始めようとしてまず反対したのは、白沢さんが育てた社内の幹部たちであった。ゴマは、当時、様々な困難が予想されたからである。「役員、マネージャークラスの10人の幹部のうち9人が反対だった。それは、ゴマ生産を、パラグアイの中でも最も大変な地域でやることを発案したからだった。貧しい小農の多い地域は、危険な地域であった。商人がモノを売りにも行かないような、危ない所に何で入っていかなければならないのですかというのが多数意見だった。今、我々の生活がある程度豊かであっても、150万人以上の貧困層の人々が食えなくなるとどういうことになるか。生きるため、子供を育てるためなら、強盗、殺人、クーデター、何が起こってもおかしくない社会になっていく。我々皆が、パラグアイ丸という船に乗っているのだ！皆さんの家族のためにも取り組もう。最後は、社長として決断した。現地に調査に行くのも危険が伴ったので、全員武装していった。貧困だから治安も悪くなる。それを乗り越えるためにも、小農が生産できる、棉に代わる作物の普及が不可欠だと考えた。今

121

となれば、自慢話に聞こえるかもしれないが、その時の動機は使命感だったと思う。」と白沢さんは、当時の決意を語った。

ゴマ栽培ゼロからの出発：エスコバ種開発の快挙

それに加えて、乗り越えなければならなかった大きな課題は、輸出市場に合った品種の開発と、農家への栽培法などの技術の普及であった。輸出先日本市場の消費者の嗜好に合った味のいい品種の開発は不可欠であった。シロサワ社は1980年代後半から、40数種の白ゴマ試験栽培を行った。自社の試験圃場での栽培のほか、小農には、試験栽培用に白ゴマの種子を配布した。白沢さんの努力が実り、日本市場で認められる『エスコバ種』の開発を実現する。交配により、この品種を開発するまでに、4年かかった。エスコバ種は、輸出先日本でも評判がいい。こうして、シロサワ社は、パラグアイにゴマ研究所を作ってしまったといってもよい。当時、どこにもゴマ研究所はなかったからである。「今は、研究のプロがいる。しかし、エスコバ種を見出すにいたる4年間の当時は、誰もゴマを知らない。ゴマの入った菓子を見せたり、マクドナルドのパンの上についていると説明したりした。」まったくのゼロからの出発だった。白沢さん自身が研究しなければならなかった。「私自身も自分でやるしかないと思った。人に頼るということは、思いもしなかった。」

白沢さんの甥が東京農大に留学し、その後、静岡にあった、味の素㈱の出資していた種苗会社で2〜3年研修した。その縁で味の素から、15種類ぐらいのゴマの品種の試験栽培をしてもらえないかという要請を受けた。凄い契約書だったが、3年間にわたって試験栽培をし、研究した。

---

60) UNDP の下で行われた研究によれば、シロサワ社が自社の農園でゴマの試験栽培を始めたのが、1989 年であった。その後の研究を経て、1994 年に、この優れた品種の開発に成功した。1995 〜 1996 年には、普及が進み、パラグアイにおけるゴマの生産量は、1994 年の 120 トンから、1996 年には 1,200 トンに増加し、1999 〜 2000 年には、8,343 トンに達し、ヘクタール当り 945 キロと、FAO の統計による世界平均の 3 倍の生産性を達成した。さらに、翌年には、生産性は、1,209 キロとなり、世界平均の 4 倍を達成する。

エスコバ種とは直接関係はないが、この過程でいろいろな学びがあった。今は、主として、ペルーの味の素と様々な協力を行っている。

容易ではなかったゴマ栽培技術の普及

品種の開発とならんで、小農への技術の普及も容易ではなかった。パラグアイ人は、ゴマに馴染みがない。自らゴマを食べないパラグアイの小農は、当然栽培経験もなく、栽培法などのきめ細かな普及が欠かせなかった。「最初は、20から30家族に種を配って試験栽培をした。価格も保証し、必ず引き取ることを約束して契約し、最初は、15トン位が収穫できた。農業技師が技術指導した。それ以来、10年ぐらいの間に800回以上の研修会を開催した。今も続けているので、すでに1,000数百回になると思う。苦労するのは、当たり前だと思ってやってきた。」と白沢さんは語る。

ゴマの実　　　　　　　　　　ゴマ農園　　　　提供：JICAパラグアイ事務所
出典：Evolución 日本人移住80周年記念誌

シロサワ社は多数の普及員を雇って、生産技術の普及を行ってきた。大学出の農業技師が10人ほど常にいるほか、高校出の普及員が、増減はあるが50人から70人おり、一人で100から150家族ぐらいを担当している。普及事業は、会社にとって大きな負担であったが、社員に対しては、「いくら普及のためとはいえ、負担は大きく、儲けは少なくなることは分かっている。それでも、倒産しないようにしながら、技術指導、普及をやってい

く、バランスが重要だと強調した。社員には、すごいことをやっているんだぞ、自負していいんだぞと言い続けた。それは、お金に替えられないものだ。自分たちが予算を作りながら、生き残れるようにしながら、貧困撲滅の社会貢献をしているということだ。今や、このことは理解されるようになり、社員の自信にもつながっている。」白沢さんは、さらに続けて、

　「地方をまわると、農家の人々が、前は、子供を小学校にも行かせられなかったが、今は、学校に行かせることができるようになった。子供が病気になっても、薬すら買うお金がなかった。今は医者にも見てもらっている。御礼に、このバナナやイモを持っていってくださいといわれるようになった。これほど、うれしいことはない。そして、ついてきてくれている役員や社員も素晴らしい人たちだと感謝している。」と語る。

特許をとっても特許料は取らず、小農への普及を優先

　こうして、エスコバ種開発のあとも、ゴマの品種や有機肥料など様々な面での研究を続けており、多くの研究の蓄積につながっている。特に、有機肥料のゴマへの施肥の効果を大学とも連携して試験してきたが、広く、小農への普及を行うところまできた。「どこと組むかはいろいろ考えたが、大学と組んだのはとてもよかったと思っている。」

　「ゴマの品種は、特許登録できる。エスコバ種は、おいしいという点ではナンバーワンだが、枝が張って、大きくなって収穫するまでに120日かかる。収穫までの期間が長ければ長いほど、病虫害に会う可能性が高まる。そこで、10年近く前に、90日で収穫できるSH1という品種を大学と連携などをしながら開発した。SH1のSはシロサワのSだ。今、これが一番人気がある。これからは、国際競争が強まる中で、ある程度、機械化をすすめないと競争に負ける。SH1は、機械化に馴染む品種だ。エスコバ種ではできない。これからは、『神様からの贈り物』としてのゴマの特性を失うことなく、一定の機械化をどのように進めるかが課題だ。言い換えれば、小

第5章 新たな産業の発展と輸出の多角化

農にあった機械の導入と生産性の向上である。エスコバ種については、特許はとっていない。SH1については、特許は一応とっているが、特許料はとっていない。小農が生産者だから、特許料はとらないことにしている。」シロサワ社は、優良品種を公共財として提供しているといえる。

さらに、白沢さんは回想する。「はじめは、わからないことも多く大変だった。試験栽培が霜でやられたこともあった。技術の普及の他、農家がゴマ栽培を始めるための資金も大事だった。当時、金融機関はゴマ栽培地域には無く、必要な資金は、会社が前払い金のかたちで融通した。農家が収入を増やし、治安も良くなってくると、まずフィナンシエラと呼ばれる金融会社がこの地域に入ってきた。今日では、銀行も融資を行うようになった。日本市場だけに依存しないように他の市場も開拓した。日本向けの生産の倍ぐらいの生産を行い、市場の多角化を行うようにしてきた。」

発展したゴマ生産クラスター

こうした努力が積み重ねられ、ゴマを栽培する農家、集荷業者、精選、品質の検査と梱包、輸出を行う輸出業者、それを支える普及員、肥料会社などからなる、ゴマ生産クラスターが次第に形成されていった。それをリードしたのが、白沢さんとシロサワ社であった。それは何よりも、シロサワ社の種子が主導して達成した生産性の高さによって示される[61]。栽培面積と生産量はそれぞれ、2000年の約10,000ヘクタール/6,000トン弱から、2006年には約55,000ヘクタール/30,000トンに拡大した。生産地域は、当初からのコンセプシオン、サンペドロから大きくカアリパ、カアグアス、イタプアへと広がって、今や栽培面積は80,000ヘクタールを超える。ゴマ栽培農家も1999年の5,000農家から急増し、2005年35,000農家、現在約50,000農家（その家族数では約20万人）に達している。いずれも小農で、それぞ

61）脚注60）を参照

れ1〜2ヘクタールをゴマ栽培にあてている。シロサワ社が契約しているのは、そのうち、約20,000農家程度と最大である。

ゴマの収穫　　　　　　　　　　　　　　　　　　　提供：シロサワ社

　クラスターは、この2000年代半ば頃からの生産地域と生産の拡大とともに、大きく発展してきた。まず、シロサワ社の成功を見て、成功の7年後頃から、他の会社が次々とゴマ取引に入ってきた。現在、すでに7社が参入してきている。先に述べたが、金融機関がゴマ生産者への融資を行うようになり、また、農牧省による小農への技術支援や、大学による技術開発が行われる一方、NGO等による小農組織化などの動きがみられ、クラスターはより複雑かつ重層的なものとなってきている。（図5-1参照）

日本で販売されているパラグアイのゴマ製品　　　提供：シロサワ社

図5-1　ゴマ産業クラスター

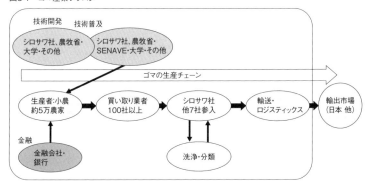

注：ゴマ産業確立期から発展期にかけてのゴマ生産クラスターの概略を図示したもの。この間に栽培農家数の増加、栽培地域の拡大（コンセプシオン・サンペドロ以外の地域への拡大）、栽培面積の増加、生産量の増加など、ゴマ産業のスケールアップも生じた。
出所：白沢氏へのインタビュー、UN-ECLAC／JICA（2014）の151ページの図などをもとに筆者作成

挑戦は続く：新たな課題

　ゴマ生産は、着実に軌道に乗ったが、次第に、連作障害などによる単位面積あたり収量の低下や、交雑（異品種間での交配）による品質の低下などの新しい課題に取り組む必要も生じてきた。クラスター拡大の中で、シロサワ社は、国立アスンシオン大学農学部と連携しつつ、優良種子の生産や栽培技術の向上に取り組んでいる。これには、JICAの「小規模ゴマ栽培農家支援のための優良種子生産強化プロジェクト」（2009年10月～2012年10月）が支援し[62]、2012年から2016年までその第2フェーズが行われた。

　こうして、パラグアイのゴマ産業は大きく発展し、穀物と食肉に次ぐ主要

---

62) このプロジェクトは、優良な種子をゴマ栽培小規模農家に安定して提供することを目的として、モデル的な種子生産農家グループの育成、主力品種エスコバの純化栽培、メキシコからの導入品種の適応化試験と有望品種の普及、企業から委託を受けて生産農家に技術指導を行ってきたアスンシオン大学の技術指導能力・種子管理能力の向上に取り組む、いわば「戦略的産官学連携プロジェクト」として、2009年10月から2012年10月にかけて実施された。ここで、純化栽培とは、様々な品種がまじりあった既存種子から1品種を選抜、播種、発芽、育成する栽培方法。発芽してからさらに交じっている別品種の苗を取り除き、収穫時には1品種のみを残す。

輸出産業となり、2009年には、パラグアイのゴマは日本の食用白ゴマ輸入の70%以上を占める。ここまでの道のりには、様々な困難が立ちはだかっていた。パイオニア白沢さんの場合、その困難は、通常の起業家のそれを2重、3重にも上回るものであった。

まず第1は、パラグアイにない新たな産業のゼロからの立ち上げでは避けて通れない困難である。途上国の、しかも農業や水産業の場合には、新たな産業を興すには大変なリスクが伴う。成功しても、製造業の新製品のように、特許などで守られることはない。経済学者ダニー・ロドリックは、このようなファースト・ムーバーこそが、産業の発展に欠かせないと言う。しかし、それをする人は稀であり、こういう人こそ高く評価すべきだと言っている。

第2は、小農の生産を中心とした「インクルーシブ産業」特有の困難である。小農に適しているというゴマの作物特性は、小農が貧困から脱出するために重要だが、小農が生産を担う場合には、その栽培に必要な技術の普及が不可欠となる。かつ、資金を持たないため、必要な資金を融通しなければ生産を始められない。何万もの農家となれば、1民間企業が技術と資金を提供することは、困難を極める。

第3の困難は、市場である。供給する条件が整っても、食の安心、安全に敏感な日本市場に合った品種の開発、栽培、集荷、検査、輸出体制の整備は、容易ではない。市場の嗜好に加え、残留農薬のような安全の面でも、困難を乗り越えていかなければならない。

白沢さんは、「小農を含む生産者をはじめとする、ゴマ産業の産官学の協力や連携は、多くの人が参加すると同時に、それを通じてその人たちが裨益する産業の在り方として、パラグアイで開花した一つのモデルともいえる。このモデルが成功することで、パラグアイで、何をしたらよいかが、見えてきたといえる。このようなモデルがどんどん進化をとげ、多くの分野で

63）国際協力機構（2014）

広がっていくと素晴らしい」と話す。シロサワ社は、文字どおり、ゴマ・クラスターの中核的企業、アンカー企業だ。「自分さえよければという人たちが多いとうまくいかない。パラグアイのゴマ産業全体を俯瞰して、何をすべきかを考えることが必要だ。例えば、残留農薬のような問題が起これば、それは、その問題を起こした会社だけでなく、パラグアイのゴマ産業全体が被害を受ける。」白沢さんが、敢えて、パラグアイゴマ輸出協会の会長を引き受けたのも、そうした思いからだ。（残留農薬問題への取組みに関しては第6章参照）

国際的に評価されるシロサワ社の事業

　シロサワ社の事業は、国内はもとより、国際的にも非常に高く評価されている。2008年、パラグアイ工業・貿易省がシロサワ社に革新的農業生産賞（Premio a la Producción Agrícola Innovadora）を授与、同年、国連開発計画（UNDP）とグローバルコンパクトが注目すべき事例として、ケーススタディを行った。[64] 現地専門誌（Revista Paraguay Rural）も、2008年に、詳細な特集を組んでいる。これらの情報を基に、2009年には、米国援助庁（USAID）が、『ゴマ：アグロビジネスにおけるイノベーション』という書籍を出版し、シロサワ社の事業を大きく取り上げた。[65] 同書は、パラグアイのゴマ産業を興したのは、シロサワ社であり、品質重視の文化（スペイン語でcultura de calidad）を根付かせたこと、小農による生産が質の高いゴマ生産に向いていることを示したことなどを強調している。[66] そして、シロサワ社は、ゴマ産業のパイオニアであるとともに、今日もリーダーとしての役割を果たしていると述べている。シロサワ社は、2005年からトレーサビリティ（追跡可能性）のシステムを導入したが、それが、

64）PNUD/The Global Compact（2009）

65）USAID（2009）

66）USAID（2009）特に、45-48 ページ

子供たちの就学の意欲を高めたという興味深い効果も紹介している。すなわち、シロサワ社では、生産農家に収穫の日付、収穫量、そのほかの生産に関係する記録を含むトレーサビリティ向上に向けた取組みを行ってきているが、生産者には、読み書きのできない人もおり、記録を表に書き込むのに子供たちの助けを借りる。それが、間接的に子供の就学にプラスの効果をもたらしているというのだ。

UNDPとグローバル・コンパクトによって行われたケーススタディは、パラグアイの小農が品質の重要性を認識し、日本市場に受け入れられる高い品質のゴマが生産されるようになって、パラグアイにゴマの競争力が確保されたことを強調している。白沢さんも「価格だけでは、中国やインドのゴマとは競争できない。高い生産性と世界で最高の品質のゴマであることで、競争できている。」と話す。それを可能にしているのは、小農への技術の普及、トレーサビリティ確保のシステムなどによるところが大きい。そして、このこととともに、強調しているのは、シロサワ社の切り開いた道をたどるかたちで、七つの会社が参入し、ゴマ産業の一層の発展、クラスターの発展がみられていることである。

2. 自動車部品産業のパイオニアの誕生

本書の最終章で述べるように、近年、ワイヤーハーネスをはじめとする自動車部品産業のパラグアイへの進出、河川用バージ船の建造を行う造船業の進出などが、相次いでいる。こうした動きの先駆けとなったのが、自動車用高級革シートのパラグアイにおける生産に着手した、トヨトシ・ギジェン・レザー・インターナショナル社（TG Cuir International社、以下トヨトシ・ギジェン社と略す）の設立であった。同社は、世界に広がる自動車産業のサプライチェーン（様々な企業が参加する原料・部品生産から製造・販売・アフターサービスに至るまでの全プロセス）に、パラグアイから初めて参入したパイオニアとなったといっても過言ではないであろう。その

第5章　新たな産業の発展と輸出の多角化

本格的生産の拡大が、2002年の同社の新工場の設立によって実現する。

　パラグアイにおける製造業は、従来、繊維アパレル製品や雑貨などにとどまっていた。パラグアイの南米南部共同市場（メルコスール）への加盟も、パラグアイの立地と競争力を発揮しての製造業の拡大の起爆剤とはならなかった。自動車産業もブラジルとアルゼンチンの自動車協定で生産の拡大が進んでいたが、パラグアイがそれに加わることはなかった。メルコスール向け自動車部品の生産に向けた外資企業によるパラグアイへの投資が始まったのは、2010年代に入ってからであった。

パラグアイ社会に根を下ろしたトヨトシ・グループ

　トヨトシ・ギジェン社の創立は、一朝一夕に可能となったものではない。その背景を知るには、パラグアイにおけるトヨトシ・グループの沿革にさかのぼる必要がある。[67]豊歳直之さんは、日本での大阪商船（現商船三井）勤務を経て、1960年3月、ブラジル丸でアルゼンチンのブエノスアイレスに到着した。ここで、商社に勤務したが、パラグアイで、トヨタやホンダの代理店を探すことを依頼され、そのために奔走したことが、その後、パラグアイで事業を始めるきっかけとなった。トヨタについては、紆余曲折の後、代理店が見つかりパラグアイでのトヨタの乗用車の販売がスタートする。他方、ホンダについては、オートバイの代理店となってくれていた旧知のミゲル・カリソサさんに、乗用車の代理店も引き受けるよう説得するが、カリソサさんから、「君と一緒に新しい会社を作るのならやってもいい」と言われて、パラグアイへの移住を決意する。そして、トヨシ株式会社（以下トヨトシ社と略す）が設立されたのが、1969年であった。同社は1972年トヨタの代理店となる。

　パラグアイでのトヨタ車の販売は軌道に乗ったが、間もなく、1980年に南

67）豊歳氏は、トヨトシ・グループを創業、在パラグアイ日本商業会議所会頭、パラグアイ日本人会会長などを歴任後、2009年より、駐日パラグアイ大使に就任した。以下、このパラグラフは、豊歳直之『パラグアイにかけた夢：豊歳直之・わが人生』76 ～ 88 ページに基づき執筆した。同書の英語版は、Path to Prosperity: The Memoirs of Naoyuki Toyotoshi として出版されている。

131

米全体を襲った金融危機のもと、トヨトシ社も未曾有の危機に見舞われる。外貨の供給を一手に握る中央銀行が外貨の供給を絶つという前代未聞のことが起こる。[68] 倒産する輸入業者もある中、この危機を乗り越えたことがトヨトシ社を強くした。その後、ソニー、日野、ダイハツ、商船三井等の代理店ともなり、さらに、河川運輸の会社の設立、牧場経営等、事業を拡大するとともに、会社の再編成を行い、1996年新生トヨトシ社が発足。1997年には、サンロレンソ市に大規模なショールームとサービス工場を完成させた。

サンロレンソ工場　　　　　　　　　　　　提供：トヨトシ社

こうしてトヨトシ社は、パラグアイにしっかりと根を下ろした企業グループに育っていった。この間、豊蔵家の第2世代も成長した。長男マルセロさんは、米国に留学して、ボストン大学を卒業後、北米トヨタ・モーター・セールスに勤務し経験を積んだ。次男マリオさんは、日本に留学、国際基督教大学を卒業後、トヨタ自動車に勤務した。二人は、こうした経験を積んだ後に、パラグアイに帰国しトヨトシ・グループで活躍する。

トヨトシ・ギジェン社がヨーロッパ・トヨタのサプライチェーンに参加

こうした、事業拡大の過程で、1981年牛革を使って乗用車のシートをつ

68）以下、このパラグラフは、豊蔵直之『パラグアイにかけた夢』94〜114ページに基づき執筆した。

第5章　新たな産業の発展と輸出の多角化

くるというビジネスプランをマリオさんが持ち込んできた。[69]フランス人がパラグアイに設立したバカピという会社が売りに出されており、それを、フランスのギジェン・ファミリーが狙っていた。ギジェン・グループは、事務所用の椅子や車のシートの分野では、世界の先頭を行っているが、このグループは、バカピを買収したうえで、トヨトシ社と手を組んで事業を始めたがっているとのことであった。ギジェン・ファミリーは、リヨン市の近くの出身で、クリスティアン・ギジェン氏は発明家でもあった。そこで、トヨトシ社はギジェン・ファミリーと交渉し、先に述べたトヨトシ・ギジェン社の設立にいたる。

　同社は、当初ヨーロッパ・トヨタに、パラグアイ製の高級革製シートを販売し、ヨーロッパ・トヨタがヨーロッパ全土での販売の代行をした。さらに、シートはフランス・フォード、ベルギー・フォード、スバル・フランス、スバル・ドイツなどにも販売された。高級革製自動車用シートの製造と販売の成功を象徴するのが、それから2年5カ月後の2002年における、従業員125人からなる新工場の建設である。さらに、市場をプエルトリコに拡大するとともに、アルゼンチンへの輸出が拡大する。

　ヨーロッパに、パラグアイ製の高品質の製品が輸出されたことの意義は大きい。それを可能にした要因の一つが、豊歳さんとその子息らのカイゼン（改善）や技術革新の努力である。豊歳直之さんの長男、豊歳マルセロさんは、その努力の一端を次のように説明する。「エアバッグが開くときには、革製のシートも連動して開かなければならない。当社はこれを開発した。これは、当社のオリジナル製品となった。」また、ISO9002の認証を取得、トヨタの「純正アクセサリー」となった。トヨタからトヨトシ・ギジェン社への訪問はしばしば行われており、カイゼンなどのアドバイスを得ている。マルセロさんは、「だから、継続的にカイゼンを行っている。常に学習している。そして、自身のモデル（モデロ・プロピオ）も創造している。」と言

---

69) このパラグラフと次のパラグラフは、豊歳直之『パラグアイにかけた夢』144〜148ページと豊歳マルセロ氏へのインタビューに基づき執筆した。

133

う。「カイゼンは素晴らしく、パン屋さんに至るまで、中小企業を含め、広く応用が可能である。我々は商工会議所の活動にも積極的に参加しているが、商工会議所を通じてカイゼンを広げていくことができる。」

　豊歳直之さんは、その著書で、豊田喜一郎氏の「顧客第一」という考え方に基づいて考え出された答えとしての、「継続的改善」と「人間尊重」を強調し、「この思想こそがトヨタの発展の基礎となったものであり、世界に冠たる「トヨタ方式」として知られるものの神髄である」と述べている。[70] そして、「我がトヨトシ・グループには、トヨタの理念、哲学が生きている。グループを見てもらえば、我々が『顧客お一人お一人と向き合い、満足していただくために日々、最先端技術の応用とプロセスの継続的改善に努め、研鑽に励んでいる』ことを実感していただけるものと、自負している。」と述べている。[71]

パラグアイにおける自動車部品産業発展の魁となる

　トヨトシ・ギジェン社が、新たな製造業のパイオニアとして事業を立ち上げ、トヨタ純正アクセサリーとして認められる品質の製品をパラグアイで生産し、ヨーロッパで販売したことは特筆に値する。トヨタ生産方式を定着させ、生産プロセスの中に品質を作りこむ（quality-built-in）などを実践し、高い稼働率、無駄の減少、高い生産性などを達成している。パラグアイ企業によるトヨタのグローバルなサプライチェーンへの参加が実現したのである。また、材料は、メルコスールの内外から最適なものを集めており、パラグアイ国内からは、著名なピラル社の布や革を縫うための糸をはじめ、多くの材料を調達するほか、ウルグアイからは皮革、アルゼンチン、ブラジル、遠くはタイ、ヨーロッパからも材料を調達している。

　パイオニアとしてのトヨトシ・ギジェン社に見学に訪れる日本企業をはじめ

70）豊歳直之『パラグアイにかけた夢』82 ページから引用
71）豊歳直之『パラグアイにかけた夢』83 〜 84 ページから引用

とする外国企業は、百聞は一見にしかずで、この会社で働く労働力の質が高いことを知り、パラグアイへの投資の参考にする。マルセロさんは、「パラグアイのことを知らないできた人たちが、ここに見学に来て、他の国と比べて、労働の質が高く、欠勤率が少ないことなどに驚いている。」と言う。2000年代に成功をおさめたトヨトシ・ギジェン社は、近年の外資の進出の魁として、また、モデルとして、重要な役割を果たしてきたといえよう。

3. 日本人のパイオニア企業群に共通の特徴

　前章と本章で紹介してきた、パラグアイにおける日本人の2000年代の活躍には、いくつかの共通の特徴がある。第一に、第1世代の方々の積み上げてきた成果を引き継ぎ、広い視野で、かつ、新たに広げたネットワークを生かしつつ、1.5世代や第2世代の方々が活躍するようになったことである。第二に、パラグアイで他の人々が着手していない、新たな事業、特に、新たな産業の発展に挑戦したことである。これは、常にリスクを伴う。しかし、敢えてリスクを覚悟で取り組む一方、真摯に学び、辛抱強く目標に向かう点も共通している。第4章の冒頭で引用した経済学者ロドリックは、新たな産業を興すこうしたパイオニアこそ、国の発展にとってもっとも貴重な存在であり、そのためには、支援を惜しむべきではないことを強調している。[72] パイオニア企業は、新たな産業に欠かせない技術を外国から導入したり、自ら開発して産業を興す。その技術や経験が地域社会へ波及することにより、国内産業の発展に大きな貢献をするが、これらパイオニア企業にとっては、投資リスクは大きく、そのうえ成功しても真似られて、競争を迫られる。投資が回収されないこともある。だから、パイオニア企業は出現しにくい。パラグアイには、そのようなパイオニアへの強力な支援制度はなかったが、パイオニアたちは、自力で、地元の人々や、多くの関係者と力をあわせ目

---

72) Rodrick, Dani（2007）参照

標にむかってきた。ロドリックがこのことを強調する理由は、これらパイオニアによって引き起こされる波及効果である。パイオニアに刺激を受け、学んで、その国にあった産業が生まれていく効果を重視したのである。あわせて、第4章と第5章で紹介したパイオニア企業群（ウピサ社、前原農産、ラパス農協、シロサワ社、トヨトシ社など）は、ノーベル経済学賞を受賞したスティグリッツ教授が、最近の著書『学習する社会の構築：成長、発展と社会進歩への新しいアプローチ』[73]で、強調しているような、自ら学習する企業であったことも特筆に値する。多くの困難に直面して、その都度、工夫して新たな道を切り開いていった。参考になる前例はないのが、パイオニア企業であり、だから、その自ら学習する能力が決定的に重要であった。

　第三に指摘したいのは、いずれも、その企業やその周辺で働く人々の生活や福祉、そして地域社会への貢献をいつも念頭において事業を行ってきた点である。最近シリコンバレーを中心に米国でも社会を良くする企業が評価され始め、「公益資本主義ともいうべき新しい経営モデルが注目されている」と報道されている。[74]マーク・ベニオフ氏や、デビッド・ブルナー氏が先頭に立っていると報じられ、ブルナー氏は、「人員削減で社会を傷つけてまで利益をかさ上げしてはならない」と言う。[75]一方、日本では公益重視の考え方は、渋沢栄一等の経営理念をうけつぐ、企業風土の中に根付いているともいえる。それをインドなど新興国が注目する動きがあることも伝えられる。[76]本章で紹介したパイオニア企業群は、まさに、社会と共存する経営、福祉と地域を重視する経営を実践し、そのモデルともなってきたといえよう。

　第四に指摘したいのは、これら企業がいずれも、パラグアイにおける新たな産業の集積（クラスター）を支える中核的企業（「アンカー企業」と

73）このタイトルは、英語のタイトルを直訳したものである。本書の邦訳書は、『スティグリッツのラーニングソサエティ：生産性を上昇させる社会』というタイトルで出版されている。(Stiglitz and Greenwald 2014)

74）日本経済新聞 2016 年 6 月 28 日付 6 ページ

75）日本経済新聞 2016 年 6 月 27 日付 7 ページ

76）渋沢栄一については、Japan Journal による 4 年を超える連載記事を参照。

も呼ばれる）として、重要な役割を担ったことである。クラスター形成は、JICAがパラグアイ経済開発調査（EDEP）[77]に基づいて、パラグアイの発展の戦略の主要な柱として提案したものであった。

4. パラグアイの経済発展とクラスター戦略

パラグアイの経済発展における産業集積

2000年代前後から今日に至るパラグアイの経済発展とクラスター戦略に関しては、国連ラテンアメリカ・カリブ経済委員会（UN-ECLAC）とJICAとの共同研究が行われ、『パラグアイにおける包摂的発展の研究』として刊行された。[78]

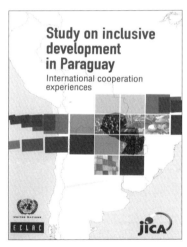

---

77) スペイン語では、Estudio de Desarrollo Económico de Paraguay であるが、その頭文字をとって、EDEP と呼ばれ、広く知られるようになった。まず準備調査が行われ、続いて、1998年10月から約2年間にわたり JICA が派遣したコンサルタントチーム（大和総研）による調査が実施された。最終報告書は 2000 年 11 月に、当時のゴンサレス・マキ大統領に提出された。パラグアイ政府は、EDEP に基づき、2001 年3月、「経済開発戦略計画」を策定、発表した。EDEP の詳細については、UN-ECLAC/JICA（2014）参照。

78) ECLAC/JICA（2014）の特に第1章参照。なお、この研究には、UN-ECLAC に併設のラテンアメリカ・カリブ経済社会計画研究所（ILPES）も参加した。本研究は、スペイン語では、2013年に刊行された。（UN-ECLAC/JICA 2013）

経済発展における産業集積の重要性については、2009年のポール・ク
ルッグマンのノーベル経済学賞受賞や、同年の世界銀行の『世界開発
報告』を通じて注目されるに至ったが、EDEPが発表されたのはその9年
前であった。EDEPは、パラグアイの産業に関する詳細な現地調査を行っ
たが、その際に参照した理論の一つが、マイケル・ポーターの産業集積
を重視する経営論であった。[79] 1990年にポーターは『国の競争優位』（原
題、*The Competitive Advantage of Nations*）を刊行し、ベストセラー
となるが、[80] そこで、ポーターは従来の理論を拡張し、国の競争力を決定
する四つの要因の一つとして、産業集積の重要性を強調した。[81] その後、
90年代半ば、中米では、経済発展を推進するために、この戦略を途上
国に適用しようとする取組みが始まっていた。この地域では、10年を超え
る内戦を経て、和平実現後の復興の過程で競争力のある産業を育てよう
と、ポーターの指導のもと、中米競争力戦略のプログラムが実施され、ク
ラスターの形成もその一環となっていた。それが、ちょうどEDEPの開始時
期に重なった。EDEPの調査の一環として、筆者は、中米エルサルバドル
を訪問し、現地での取組みを視察した。また、ワシントンからこのプログ
ラムを支援していた世界銀行も訪問した。

　国連ECLACとJICAの共同研究は、クラスターの重要性を次のように説
明している。クラスターは、関連しあう企業や組織（大学、開発を推進す

79）産業集積、クラスター、バリューチェーンなどに関する研究では、経営学ではマイケル・ポー
　　ター、経済学ではポール・クルッグマンの業績がよく知られている（ポーターについては、注
　　80、注81参照）。経済学では、立地と空間経済に関するペンシルバニア大学の長期にわたる研
　　究を経て、有名な藤田・クルッグマンの1995年の論文（Fujita and Krugman 1995）以来の一
　　連の研究のような成果につながっていった。それは、2009年の、クルッグマンのノーベル賞
　　受賞理由の一つともなった。そして、この年、世界銀行は、この視点から経済発展を論ずる『世界
　　開発報告』を刊行した。
80）日本では、1992年、『国の競争優位』（土岐坤・中辻萬治・小野寺武夫・戸成富美子訳、ダイヤ
　　モンド社）として刊行されている。
81）四つの決定要因とは、（1）生産要素の条件（要素賦存。これは供給条件ともいえる。）（2）需要条
　　件（規模の経済を実現し競争力を高められるような、国内または地域市場の存在）（3）集積の経
　　済（4）企業の戦略、構造、競争関係等（政策によっても決まる。）これらは、競争力決定の要因で
　　あるが、比較優位論に基づく従来の貿易理論にも新たな視点を導入することを意味した。

る官民の機関など）が集積し、生産チェーンを形成することを指す。集積した企業間や組織が関連を強めることで、競争力が高まる。集積した企業間の競争と協力が強まり、ベストプラクティスやイノベーションに向けた相互の学習が起こり、生産性の上昇が可能となる。クラスターにより、規模の経済、多角化・多様化の利益も実現でき、集積した企業は相互に波及効果（厳密には、経済学で外部効果と呼ばれる効果）を発揮する。近隣にあることによる輸送・ロジスティックス・取引費用の低下も大きい。

　国連ECLACとJICAの共同研究は、2000年に発表されたEDEPが、その後、10年余りを経てどのような効果があったかを研究したものである。それは、まさに、本書の第4章と第5章でその間に生じた変化を明らかにしようとしている期間にほかならない。それは、一言でいえば、棉花から大豆への転換に象徴される。換言すれば、熱帯一次産品への依存経済から、大豆をはじめとする食糧生産を中心した近代的農業と食品加工産業、製造業からなる多角的な産業に転換した時期であった。

　EDEPは、この転換期における新たな生産活動の拡大、新しい産業の構築、クラスターの形成とそれを核とするバリューチェーンの拡充・深化の可能性を見通し、そのための戦略を提案するものであったということができる。本章で紹介した企業群にかかわるクラスターに加え、UN-ECLACとJICAの共同研究は、酪農クラスター、砂糖－アルコールクラスター、果実・加工品クラスター、キャッサバー澱粉生産クラスター、綿花－繊維・衣料クラスター等のこの時期における著しい発展を詳細に研究している。[82]この中で、棉花－繊維・衣料クラスターは、原料としての棉花の生産は衰退し、輸出も激減したが、棉花に連なる繊維・衣料の生産は発展し、輸出額も拡大している。中国産などの安価な輸入品が急増する中での成果であり、ピラル社を初めとするパラグアイ企業の戦略と質の高い労働力

---

82) UN-ECLAC/JICA（2014）の第5章参照。

の貢献は大きく、特筆すべきものである。

　前述の共同研究において、国連ECLACは、ラテンアメリカの他の諸国の経験と比較したうえで、EDEPの貢献について次のように述べている[83]。EDEPは、当時のパラグアイにとって、新鮮なアプローチを提供するものであったとし、具体的に次の6点を挙げる。（1）クラスター、生産チェーン、輸出コリダー（生産地と港湾を結ぶ、輸出のための効率的輸送網）などの新たな考え方、コンセプトを導入し、官民の連携が競争力強化に重要なことを強調した。（2）歴史的に困難な時代を迎えていたパラグアイに新たな経済開発モデルを実施することを目指す建設的な論拠を提供した。（3）競争力戦略推進全国組織（ONPEC）をはじめとする新たな組織・制度を創設した。（ONPECについてはp.148 BOX5-1を参照）（4）生産性、工業化、競争力などを目指す政策を策定する官庁の役割の強化を行なった。（5）多くの商工会議所や協会などの民間の活動を定着させた。（6）経営モデルや経営戦略を再考するなどの民間の行動における変化を促した。

　EDEPの戦略からの学びの点として、（a）グローバルな観点からのパラグアイ経済の競争力を高めるための横断的目標の推進、（b）生産チェーンのための体制の強化、（c）国際協力、（d）全国的な目標と各地域の目標のリンク、（e）新しい開発システムの策定が挙げられている。EDEPは、JICAの協力の一環として行われたが、これについて、国連ECLACは、次のように指摘する。「JICAはパラグアイにおいて、単に協力プロジェクトを実施するにとどまらず、国の経済開発戦略の議論に積極的に参加してきた。この戦略は、農業輸出セクターを中心に、社会的包摂（インクルージョン）を伴う生産能力の強化を行うことに基づくものであった。ECLACは、JICAのパラグアイにおける経験をラテンアメリカのコンテクストの中に位

---

83) UN-ECLAC/JICA（2014）の25〜27ページ参照。

置づけ、長期のインクルーシブで、持続可能な開発戦略に関するラテンアメリカでの議論の中に反映させたい。この事例研究は、ECLACが多くの国際的フォーラムにおいて問うてきた、中心的課題に対する回答を提供するものである。その課題とは、ラテンアメリカにおいていかにして、平等化を伴う構造転換を実現するかということである。[84]」

産業集積とインクルーシブな発展

国連ECLACは、インクルーシブな（包摂的）発展を重視しているが、EDEPもクラスター戦略を提案するにあたり、そのインクルーシブな発展への貢献についても示唆している。クラスター形成により、農産加工生産チェーンへの参加を通じて、中小企業の参加が可能となるとともに、雇用の創出につながることを指摘した。最近国連工業機構（UNIDO）も『クラスター発展へのUNIDOのアプローチ：インクルーシブな成長のための原則と経験』と題する報告書を発表し、クラスターの持つインクルーシブな側面を強調している。すなわち、「クラスターを基盤とする企業家と労働者はしばしば、同じ社会的、文化的、政治的バックグラウンドを共有し、相互依存と自助を発揮する。これによって、多くの他のコンテクストの場合と比較して、成長がよりインクルーシブとなる傾向を持つ。[85]」

パラグアイにおける今世紀の初めの約10年は、顕著な産業の転換と高い成長を実現したが、それが、貧困削減や格差の縮小などに、どのような効果があったかについては、今後のさらなる研究に待たなければならない。ただ、この時期において、少なくとも、新興国の多くの国で見られたような、格差の拡大は見られなかったのである。政府の統計によれば、極端な貧困層の割合は、2002年に24.4%に上昇の後、2010年に19.4%とな

---

84) これは、国連 ECLAC が 90 年代はじめから、一貫して研究を行い、その総会などで、活発な議論を行ってきたテーマである。UN-ECLAC（1990）が良く知られている。最近の研究では、UN-ECLAC（2012）が注目される。
85) UNIDO（2014）、7 ページ

図5-2　パラグアイにおける貧困層の割合の推移

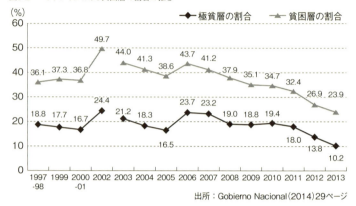

出所：Gobierno Nacional（2014）29ページ

図5-3　パラグアイにおけるジニ係数の推移

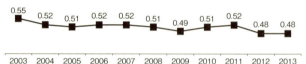

出所：Gobierno Nacional（2014）30ページ及び、Secretaria Técnica de Presidencia（STP）（2014）7ページ

り、貧困層の割合も、49.7%から、34.7%に低下した。いずれも、その後、下降を続けた（2013年には、それぞれ23.9%と10.2%）。（図5-2参照）

同じく政府の統計によれば、所得格差を示すジニ係数は、2003年の0.55から、2013年の0.48に低下した。（図5-3参照）

このように、2000年前後から今日に至る、新たな産業の集積によるパラグアイの経済発展は、総じて包摂的（インクルーシブな）発展であったということができよう。[86]

86）隣国ブラジルでも、大豆を中心とするセラード（熱帯サバンナ）での農業、農牧畜産業のバリューチェーンとクラスターの発展が1980年代以降大きく進み、今日も続くが、このプロセスが、就学などを条件にした、現金給付（条件付き現金給付、CCTとして知られる）など、貧困層向けの社会政策などと相まって、ブラジルの貧困削減や、格差の縮小に寄与したと考えられている。とくに、セラード農業と農産加工業の発展による雇用機会の拡大、穀物の自給（穀物の純輸入国から、純輸出国への転換）による、食料の実質価格の低下などが貢献している可能性が高い。Hosono, Akio et al.（2016）参照

第5章　新たな産業の発展と輸出の多角化

BOX 5-1 ｜ EDEPを推進した人々と組織

　本章で述べた人々のほか、EDEPの準備と推進には、多くの人々が加わってきた。これらの人々は現在も活躍中である。もともと、メルコスールに加盟し、ますます競争を迫られるパラグアイの発展の戦略、そのためのマスタープランが必要だと考えたのは、パラグアイ大統領府企画庁（STP）であり、特に、当時その長官であったギジェルモ・ソウサ氏であった。EDEPの原点はここにあった。JICAにそのための協力要請があったが、その際に、筆者が準備調査に加わることとなった。当時、EDEPや、その終了後に創設された、EDEPに基づきクラスターの発展と競争力戦略の推進をめざす全国競争力戦略推進組織（ONPEC）にかかわった多くのパラグアイの人々が、いわば、オピニオンリーダーとして、クラスター戦略をはじめとするEDEPの戦略を普及し、また、自ら実施した。JICAも関連する様々な協力を行った。

　ギジェルモ・ソウサ元STP長官は、今日、労働・社会保障大臣を務める。EDEP調査時のSTPの要職にあったグスターボ・レイテ氏は、一時STP長官を務めたのち、現在、商工大臣に就任している。EDEPを強く推進し、ONPECの創設に尽力したルイス・アルベルト・メイエル氏が、交通事故で逝去されたのは、真に惜しまれる。調査を支えた現地主要シンクタンクの一つ、パラグアイ経済分析・普及センター（CADEP）のボルダ会長は、前財務大臣として活躍し、EDEPの重要性を一貫して強調してきたが、再びCADEPの会長を務める。その右腕、フランシスコ・マッシ氏は、一時、商工大臣顧問を務めた。また、マクロ経済分野の若きエコノミストとして、調査を支えたホセ・モリナス氏は、一時、世界銀行に勤務したあと、STP長官に就任した。

　ONPECは法人格を有し、STP長官、農牧大臣、商工大臣、外

143

務大臣も参加し、その下には、輸出セクター競争力強化プロジェクト
が作られ、また、八つのクラスター別組織や地域別組織も設けられ
ている。これらの活動には、JICAも支援し、ヨーロッパ連合も協力し
た。JICAの協力で協同組合クラスター形成支援プロジェクトも実施さ
れた[87]。

　ONPECのメンバーには、クラスターに関連する民間セクターの代
表者が多いが、ピラル社会長カバジェロ・バルガス氏は、商工大臣
を務めたあと、今日も繊維・縫製クラスターのリーダーとして活躍す
る。セサル・ロス氏は、コロニアス・ウニダス農協の組合員であるとと
もに、ウピサ社の理事であり、ONPECの会長及びパラグアイ輸出会
議所会頭を務める。同様に、ホルヘ・ガティーニ氏は、2016年初め
まで農牧大臣を務めた。ロナルド・エノ・ディエツェ氏は、サンカルロ
ス大学の学長を務める。ほかに、ONPECの農産物輸出部門をリー
ドし、パラグアイ穀物・油脂輸出商業会議所の幹部として活躍する
セサル・ジューレ氏など多士済々である。このように、ここ数年に限っ
ても、商工、労働、農業分野の閣僚と企画庁長官にEDEPに関係
した、いわばオピニオンリーダーがいる。これらの人々をはじめ、多く
の人々の間で、EDEPの戦略は、共有されたビジョンの一部となって
いる。

---

87) この活動は、国家協同組合院(INCOOP)、生産協同組合連合会(FECOPROD)とJICAの協力に
　よって行われた。

参考文献・資料

国際協力機構（2010）『パラグアイ農業総合試験場（CETAPAR）48年のあゆみ：1961年1月-2010年3月』アスンシオン：国際協力機構パラグアイ事務所

――――（2014）『国際協力60周年：日系社会が育てたゴマがパラグアイの小規模農家と日本の食卓を救う』（jica.go.jp/topics/news/20141127_03html）

佐々木直（2007）『新天地パラグアイに生かされて』金光教徒社

豊歳直之（2011）『パラグアイにかけた夢：豊歳直之・わが人生』鎌倉：かまくら春秋社

日系農業協同組合中央会（2011）『日系農業協同組合中央会30年のあゆみ：1980年-2010年』Fernando de Mora（Paraguay）：Central Cooperativa Nikkei Agrícola Limitada

パラグアイ日本人会連合会（2007）『パラグアイ日本人移住70年誌：新たな日系社会の創造1936-2006』Asunción：La Federación de Asociaciones Japonesas en el Paraguay

ピラポ農業協同組合（2010）『ピラポ農協50年のあゆみ：1960-2010』Pirapó（Itapua, Paraguay）：Sociedad Cooperativa Pirapó Agrícola Limitada

前原深・前原弘道（2014）『築城を語る：パラグアイに実現した奇跡の日本の城』中央公論事業出版

ラパス農業協同組合（2012）『太陽とともに：ラパス農業協同組合40年誌：1970年-2010年』La Paz（Itapua, Paraguay）：Cooperativa La Paz Agrícola Limitada

Cooperativa Colonias Unidas（2014）*Memoria Anual 2013* Obligado（Itapúa, Paraguay）：Cooperativa Colonias Unidas Agropec. Ind. Ltda

Federación de Asociaciones Japonesas en Paraguay（2016）*Evolución 80 Años (1936-2016)*, Asunción

Fujita, Masahisa and Paul Krugman（1995）"When is the economy monocentric? von Thünen and Chamberlin unified," *Regional Science and Urban Economics*, 25（4）, pp.505-528

Gobierno Nacional（Paraguay）（2014）*Plan Nacional de Desarrollo Paraguay 2030* Asunción：Gobierno Nacional

Hosono, Akio, Carlos Magno Campos da Rocha and Yutaka Hongo（2015）*Development for Sustainable Agriculture：The Brazilian Cerrado*, New York：Palgrave Macmillan

JICA／INCOOP／FECOPROD（2012）*Proyecto de Asistencia para la Formación de Cluster Asunción*：JICA

Ortiz Trepowski, Emilio, Carolina Riquerme Martínez y Javier Pérez Dienstmaier.（2014）*Paraguay：Potencia Agroindustrial para Alimentar al Mundo*, Asunción：Instituto Paraguayo de Investigaciones Económicas

Rodrik, Dani（2007）*One Economics Many Recipes：Globalization, Institutions, and Economic Growth* Princeton：Princeton University Press

Secretaría Técnica de Presidencia(STP) (2014) *"Plan Nacional de Desarrollo 2030*: País de Oportunidades para la Gente y para las Empresas" Asunción: STP

UN-ECLAC(1990)*Changing Production Patterns with Social Equity: The Prime Task of Latin American and the Caribbean Development in 1990s.* Santiago, Chile: ECLAC

UN-ECLAC(2012)*Structural Change for Equality: An Integrated Approach to Development*(The Report presented to Thirty-fourth Session of ECLAC) Santiago(Chile): ECLAC

UN-ECLAC／JICA(2013)*Estudio sobre el Desarrollo Inclusivo del Paraguay: Experiencias de una Cooperación Internacional* Santiago(Chile)and Tokyo: UN-ECLAC and JICA

UN-ECLAC／JICA(2014)*Study on Inclusive Development in Paraguay: International Cooperation Experiences* Santiago(Chile)and Tokyo: UN-ECLAC and JICA

USAID(2008)*Sésamo: Innovación en Agronegocios* Asunción: USAID

PNUD／The Global Compact(2009)*Estudios de Casos: Red Local del Pacto Global Paraguay* Asunción: PNUD

第5章　新たな産業の発展と輸出の多角化

コラム④　移住地の発展と地域共生

　パラグアイ各地の移住地は日本人入植者の長年にわたる奮闘により、大きく発展してきました。原生林だった移住地も農業開発により徐々に潤い、行政単位の市として生まれ変わりました。そして日系社会はパラグアイにおいて確固たる地位を築き、信頼を得てきました。日系市長が市政を担い、日系中心の安定した移住地でしたが、移住地の発展に伴い、近年、周辺地域から多くのパラグアイ人が流入するようになり、移住地も少しずつ変容してきました。裕福な日系社会と貧しいパラグアイ社会という格差の表面化です。

　日系社会も時代にふさわしい第二の開拓とでもいうべき、「地域と共に発展する日系社会」という新しい姿に向かおうとしています。その中で心に残った出来事を二つ紹介します。

　一つは、2012年8月2日に執り行われたピラポ移住地入植52周年慰霊祭です。その日は例年の氷点下に近い厳しい寒さはなく、穏やかな天気に恵まれ、ピラポ移住地の原点の日を参加者と共に振り返り、亡くなられた方々を偲ぶ良い会となりました。特に今回は、ピラポ市の小中学の生徒全員が献花を行い、日系社会だけではなく、市全体で入植祭を祝うという画期的なかたちで開催されました。

　水本日本人会会長や永見市長のご英断と伺いましたが、ピラポ市に住んでいるすべての子供たちが今日に至るピラポ市の歴史を身をもって学ぶいい機会になったのではないかと思います。

　もう一つは、その1カ月後の9月1日、パラグアイ日本・人・づくりセンタで開催された第24回日本語スピーチコンテストです。ラパスの日系3世の高校生、野中康児君がすばらしいスピーチを披露してくれました。

　移住地の日系社会と周りのパラグアイ社会が協働して移住地をさらに発展させていく必要があるというメッセージが日系3世の若者から発せられました。日系社会の将来をしっかりと考える若い世代が育ってき

ています。

　自分、自分の家族・親族、所属グループを優先することが多いパラグアイ社会の中で、自分たちだけではなく、周りも一緒に幸せになれるよう、それぞれの立場で取り組んでいこうという呼びかけは、パラグアイの透き通った青空のようなすがすがしさを感じました。野中君だけでなく、多くの日系の若者も同じ気持ちを持っていることと思います。

　日系1世、2世が大事に育てあげた移住地が、次の世代の新たなリーダーシップで地域と共生し、新しい移住地の将来を目指しています。外国人労働者の受入れを議論している日本にとってもパラグアイ移住地の3世代にわたる経験は、大いに参考になるものと思います。

　　　　　　　　　　　　　　　　　　　　　　　　北中　真人

第6章

日系社会が支えるパラグアイと
日本の新たなパートナーシップ

伊藤 圭介

1. 日本 ― パラグアイの国際協力の新たな潮流

パラグアイ国の開発政策

　2013年4月21日に行われたパラグアイ共和国大統領選挙により、同年8月15日、コロラド党（通称：赤党）で実業家のオラシオ・カルテス氏が大統領に就任した。カルテス大統領は就任後、国家開発計画2014—2030を発表した。同計画は、①社会開発と貧困削減、②包摂的な経済成長、③パラグアイの世界参入、の三つの戦略軸と、①機会の平等、②透明かつ効率的な公共管理、③国土利用計画、④環境の持続性、の四つの横断的事項を組み合わせた12の戦略目標から構成されている。この戦略目標の中で、カルテス政権の開発方針を特徴づける戦略の一つは、戦略軸「包摂的な経済成長」と横断的事項「透明かつ効率的な公共管理」を組み合わせた「国のイメージ、貿易振興、投資誘致」であろう。

　カルテス大統領は就任演説の中で、近隣諸国との友好関係の再構築への希望について触れている。パラグアイは2012年7月のフェルナンド・ルゴ大統領の罷免を巡り、南米南部共同市場（メルコスール）加盟国の資格を凍結されていたが、カルテス大統領の就任をもってメルコスールに復帰した経緯もあり、カルテス政権は国のイメージ回復を重要な課題の一つとして捉えているようだ。また、政権の重要課題である貧困削減のためには雇用創出が必要不可欠との認識から、外国直接投資の誘致を積極的に進めている。パラグアイは1990年代から外資誘致に力を入れ、投資法（法令60/90）、マキラ法、フリーゾーン法などの優遇措置を取ってきている[88]。実業家出身のカルテス大統領はこうした外国直接投資促進のための各種インセンティブに加え、南米各国への市場アクセス、低い労働力コスト、マクロ経済の安定性などを外国直接投資（FDI）企業にアピールし

88）これらの制度の概要は在日パラグアイ共和国大使館の資料　パラグアイ共和国「チャンスに満ちた国」を参照。

151

ている。パラグアイのここ10年間（2006 〜 2015）のGDP平均成長率は
約5.1％であり、通貨やインフレ率等のマクロ経済指標も比較的安定してい
ることから、FDI企業にとってパラグアイの魅力は確実に増している。[89][90]

日本企業のパラグアイ進出

　日本との関係では、2014年6月のカルテス大統領訪日の際に開催された
投資誘致セミナーにおいて、同大統領はパラグアイ政府の外国直接投資
誘致政策の説明を行うとともに、その後の安倍晋三首相との首脳会談の
中で、日本企業によるパラグアイの発展への貢献に対する謝意や、今後
のインフラ、エネルギー等の分野での活躍への期待を表明している。

　近年南米では、「ブラジル・プラスワン」を模索する動きが顕著になって
いるが、パラグアイはその有力な候補国といえる。人件費高騰や複雑な
税制といったいわゆる「ブラジルコスト」の問題から、ブラジルからパラグ
アイに生産拠点をシフトする動きがみられ、ブラジルからパラグアイへの直
接投資額は近年急増している。[91]

　パラグアイには「在パラグアイ日本商工会議所」があり、計32社（2016
年11月末現在）が会員企業となっている。[92]かつては多くの商社が駐在員
事務所を開設していたが、1990年後半以降の政府開発援助（ODA）
案件の縮小に伴って、その大半が事務所を閉鎖した。近年は、自動車
部品産業の中でも労働集約的要素の強いワイヤーハーネス製造企業を中
心にブラジルからパラグアイへの工場移転が進んでいる。[93]同会議所前会

89）2003年4月にCaa1であったムーディズ社の格付は2015年3月にはBa1まで上昇している。
90）2018年4月の大統領選挙で、与党コロラド党候補者のマリオ・アブド・ベニテス元上院議長
　　が勝利し、同年8月に大統領に就任した。ベニテス大統領は外国直接投資の積極的誘致といっ
　　た開放経済的な政策を継承するものとみられている。
91）レイテ商工省大臣の説明によれば、マキラ制度を利用して進出している企業のうち約8割がブ
　　ラジル企業である。
92）在パラグアイ日本商工会議所HP（http://www.geocities.jp/paraguayshoukou/）。
93）ブラジルからの工場移転ではないが、2011年にフジクラがパラグアイに進出し、自動車用ワ
　　イヤーハーネスの製造を開始している。

頭の林英二郎さんは、近年の日本企業によるパラグアイ進出の動きについて、「日本企業にとって、パラグアイでの市場開拓は容易ではなく、多大な労力と時間を要するが、隣国のブラジル、アルゼンチンなどの市場を視野においた生産拠点としてパラグアイを位置づけるのであればビジネスチャンスがある。ただし、中間管理職となり得る現地人材は豊富とはいえず、日本企業のパラグアイにおける事業規模が大きくなるにつれて人材不足の課題に直面する可能性に留意する必要がある。」と語る。

　製造業におけるバリューチェーンのグローバル化が進む中、パラグアイはバリューチェーンの一環を担う有望国になりつつあるが、克服すべき課題も少なからずあるようだ。

国際協力と民間連携

　日本とパラグアイとの間の二国間関係は、1919年の国交樹立以来、パラグアイにおける日本人移住者の活躍やパラグアイの社会経済開発に資するODAを通じて強化されてきた。日本人のパラグアイ移住促進や経済協力関係強化のため、1959年に移住協定、1978年に青年海外協力隊派遣取り決め、1979年に技術協力協定が両国間で締結されている。日本はパラグアイに対するODAとして、2016年度までの累計で880.01億円の技術協力、362.12億円の無償資金協力、1,561.57億円の円借款を実施してきた。[94]特に技術協力については、JICAを通じて、2016年度までの累計で4,295名の研修員の受入、1,951名の専門家の派遣を行うとともに、1,719名のボランティア（2018年9月末時点）を派遣するなど、日本はパラグアイの人材育成に大きく貢献してきた。

　他方、パラグアイを含む多くの開発途上国では、海外からの民間資金の流入がODA資金を凌駕するようになってきており、それに伴いODAの

94）政府開発援助（ODA）国別データ集（2017）

役割も徐々に変化しつつある。

2015年2月に決定された開発協力大綱では、「アジアにおいては、開発協力によってハード・ソフトの基礎インフラを整備したことで投資環境が改善し、また、開発協力が触媒的役割を果たすことにより、民間企業の投資を促し、それが当該国の成長と貧困削減につながっている。」との認識が示されている。[95] 開発協力の実施機関であるJICAは、こうした認識に基づき、輸送インフラの整備、産業人材の育成、制度改善などを通じた日本企業を含むFDIの促進に向けた協力を展開している。

新たな国際協力の形〜ジャパン・アカデミー〜

JICAはニホン・ガッコウ大学と協力のうえ、「ジャパン・アカデミー」と呼ばれる新たな取組みに着手し始めた。「ジャパン・アカデミー」を一言でいえば、親日的・知日的起業家の育成。パラグアイの高等教育機関であるニホン・ガッコウ大学が実施する日本的な価値観やビジネス思考などを盛り込んだ起業家育成支援コースに対し、JICAは人的・組織的なネットワークを活用した講師の紹介、教材の共有等の側面支援を行うもので、2016年11月に両機関の間で協力のための覚書が締結された。起業家育成支援コースは、①起業、②企業経営、③日本企業の競争力強化戦略、④日本語、⑤日本の社会文化的価値観及び商習慣、⑥日本企業をパートナーとした投資・貿易ビジネス企画、の六つのモジュール（計360時間）で構成される予定で、卒業生はパラグアイに進出する日本企業の良きパートナーとしての人材になることが期待されており、前述の林前会頭が指摘する中間管理職となり得る現地人材不足の課題の解決にも資するものである。

ニホン・ガッコウ大学副学長のエルメリンダ・アルバレンガ・デ・オルテガ

95）政府開発援助（ODA）大綱は1992に閣議にて決定され、2003年に改定された。狭義の「開発」のみならず、平和構築やガバナンス、基本的人権の推進、人道支援等も含め、「開発」を広くとらえるとの視点から、今次改定では名称が「開発協力大綱」と変更された。

さんはジャパン・アカデミーの意義を次のように語る。

「ジャパン・アカデミーの目的は、①パラグアイと日本との友情の絆の強化、②日本企業によるパラグアイへの投資の促進、③それらを通じたパラグアイの発展への貢献である。大学は人材育成という重要な社会的使命を負っている。このコースを通じて、パラグアイの若者は日本企業のビジネス哲学や経営方針を学ぶことができる。これまでJICAから多くのことを学んできたが、このコースを通じて今後は日本企業の良さも学ぶことができる。パラグアイに進出する日本企業の中で重要な役割を担うことも、また日本企業の良きパートナーになることも可能な人材を育成していきたい。ジャパン・アカデミーのインパクトは国レベルのものになるであろう。」

エルメリンダさんは1989年から1991年まで横浜国立大学の博士課程に留学し、教育学の学位を取った。その際に日本人の規律や勤勉さに感銘を受けた同氏は、帰国後、夫であり現在ニホン・ガッコウ大学の学長を務めるデイオニシオ・オルテガさんと共に、日本の規律をパラグアイの教育に取り入れたニホン・ガッコウを1993年に設立した。2008年にはニホン・ガッコウ大学を設立し、現在は幼稚園から大学までの各レベルにおける教育を提供している（生徒数は約1,000名）。2012年には、ラ・コルメナ移住地に農学部と経理学部からなる分校を開設した。エルメリンダさんによれ

オルテガさん夫婦は自他ともに認める大の親日家。日本とパラグアイの友好親善に尽力された功績などが認められ、2016年夫婦揃って旭日双光章を受章した。また、エルメリンダさんは日系人以外で唯一、日本人移住80周年祭典委員会の委員にも任命された。　写真：筆者

ば、農学部は現場を重視する日本方式。パラグアイの農学研究者は圃場に足を運ばない傾向が強い中、ニホン・ガッコウ大学の農学部は圃場での調査を重視する教育を実践している。

開発協力大綱では「現在の国際社会では、民間企業、地方自治体、NGOを始めとする多様な主体が、開発課題の解決、そして開発途上国の持続的成長に益々重要な役割を果たしていることを踏まえれば、ODAのみならず、多様な力を結集することが重要である」との認識が示されている。

今日の日本とパラグアイとの二国間関係は、ODAという「援助国－非援助国」の関係だけでは捉えられないより重層な関係になりつつある中、パラグアイに対するODAには、様々な力を結集するための「触媒」としての役割が求められるようになってきているのではないだろうか。

パラグアイ産ゴマと日本とのつながり

日本との貿易関係についてはゴマ抜きでは語れない。パラグアイの対日輸出額の大半はゴマである。日本は2009年の食用白ゴマ輸入の約85％をパラグアイ、グアテマラ、ボリビアの3カ国に依存しており、そのうち60％以上はパラグアイ産である。パラグアイをゴマの一大産地にした立役者は日本人移住者の白沢寿一さんである。白沢さんの成功に習い、パラグアイ人の企業家もゴマビジネスに参入するようになり、ゴマは現在では約4万人の小規模農家の貴重な現金収入源となっている。日本市場を意識した品種開発と品質管理を行ったこともあり、パラグアイ産のゴマは品質が良く、中米やアフリカと比較してもコストパフォーマンスが良いとの評価を受け、2000年初期から対日輸出が急激に拡大した。

しかしながら、連作による土壌肥沃度の低下や病害虫の発生などからパラグアイ国内でのゴマ生産量も伸び悩みをみせている。これに加え、2008年、パラグアイ産ゴマを積んだ貨物から残留農薬が検出され、日本の税関で通関できず、シップバック（返送）される事態が発生した影響も

第6章　日系社会が支えるパラグアイと日本の新たなパートナーシップ

ゴマ収穫の様子。ゴマの栽培は機械化が進んでおらず、小規模農家が手作業で行う。ゴマは日本などへの販路も確立されており、小規模農家にとって貴重な現金収入源になっている。　　提供：JICAパラグアイ事務所

あり、日本の食用白ゴマ輸入に占めるパラグアイの割合は2013年には約25%まで低下した。

　2008年以降散発するシップバック問題の影響を懸念するパラグアイゴマ輸出協会、農牧省、国立植物・種子品質・防疫事業団（SENAVE）、アスンシオン国立大学などの産官学関係者はJICAの協力を得て、課題解決に向けた取組みに着手し始めた。残留農薬問題の解決のためには、残留農薬基準及び農薬使用基準の設定、残留農薬検査体制やトレーサビリティの強化、残留農薬問題や農薬使用基準に関する農家、集荷業者などへの啓蒙・普及、問題となっている農薬に代替可能な技術の開発などに包括的に取り組む必要があるが、そのためには産官学関係者による一致団結した取組みが欠かせない。

　日本のゴマ加工業界の中でパラグアイ産のゴマにいち早く注目したカタギ食品株式会社の代表取締役社長であり、ゴマ加工連合会の残留農薬部会の座長を務める高田直幸さんは、パラグアイ産ゴマの品質やJICAの協力に対する期待を次のように語る。

　「パラグアイで日本向けのゴマの生産が始まったのは1990年代前半からでした。食味が良いとの評価は当初からありましたが、パラグアイ農家にとっては馴染みのない作物ということもあり、最初の10年間はなかなか思う

ように栽培面積が増えていきませんでした。播種のタイミングや栽培方法の伝達普及には随分苦労をされていました。今では、日本の白ゴマのスタンダードとなっています。しかし、ゴマ栽培が一般化する中で、今度は連作障害や病害虫の問題が出てくるようになってしまいました。対策として農薬使用が常態化してしまい、不適切な使用をコントロールしきれず、残留農薬違反問題につながってしまいました。度重なるシップバック命令を真摯に受け止めたパラグアイ政府は、違反撲滅に向けた施策を講じるに当たり、JICAに協力を求めたと聞きます。日本のゴマにとっては無視できない供給国となっているパラグアイ国の政府及び業界の要請を受けたJICAは、残留農薬問題発生の原因を究明した後、残留農薬分析技術の導入や小農に対する啓蒙活動などの取組みに協力中と聞きます。こうしたJICAの取組みは、パラグアイ産ゴマの輸出・輸入双方の関係者の間に浸透しており、関係者が揃って期待をよせている状況です。なお、現在では白ゴマに限らず、南部イタプア県での黒ゴマ栽培も軌道に乗りつつあり、こちらも日本の需要の10%強を供給する産地に育ってきています。」

2014年3月パラグアイのアスンシオン市においてJICAにより開催された「ゴマ国際セミナー」で講演する高田社長。日本のゴマ市場などへの関心は高く、同セミナーには約150名のパラグアイゴマ産業関係者が参加した。
提供：JICAパラグアイ事務所

農業大国パラグアイと日本の食料安全保障

　ゴマを除くと農業分野における日本とのビジネス関係は現時点では希薄

であるが、日本の食料安全保障の視点からみると、パラグアイは農産物貿易の重要なパートナーとして位置づけられてしかるべきであろう。

　日本ではなかなか知られていないが、パラグアイは南米屈指の農産物輸出国である。輸出国として世界第4位の大豆を筆頭に、牛肉、トウモロコシ、小麦など多くの農産物を海外に輸出している。また、近年は米の輸出量も急増している。[96]

表6-1　パラグアイの主要輸出農産物

大豆	牛肉	トウモロコシ	小麦
世界第4位の輸出国	世界第5位の輸出国	世界第6位の輸出国	世界第10位の輸出国
ステビア	マテ茶葉	有機砂糖	キャッサバ粉
世界第2位の生産及び輸出国	世界第3位の生産及び輸出国	世界第1位の輸出国	世界第4位の輸出国

在日パラグアイ共和国大使館の資料　パラグアイ共和国「チャンスに満ちた国」(2017)を基に筆者作成

　こうしたパラグアイの農業ポテンシャルの高さを背景に、日本企業によるパラグアイに対する農業投資もわずかではあるがみられるようになってきた。常石グループによれば、同グループは2008年に現地法人を設立、首都アスンシオンより南へ約40キロメートルのパラグアイ川沿いにある土地25,996ヘクタールを購入し農牧場経営を開始。将来的には豆類や穀物等の生産も視野において、試験作付けを実施している。なお、常石グループとパラグアイとのつながりは約60年前にさかのぼる。常石グループの2代目社長であった神原秀夫さんが現在の広島県福山市である沼隈郡沼隈町の町長として、パラグアイへの移民団を結成し、1956年に第一陣が神戸を出航している。パラグアイとの絆を持つ常石グループは河川輸送用プッシャーやバージ船建造のため、2011年にはアスンシオン市近郊のビジェタ市に造船所を建設し、雇用の創出や技能人材の育成などを通じて地域社会の発展に貢献している。また、常石グループは、「神原基金」、「パラグアイ神原

---

96)パラグアイの米輸出量(精米換算)は2005年の約46,000トンから2013年には405,000トンに急増している。

育英会」を設立し、日系社会の産業振興及び人材育成を支援している。

　食料自給率の低い日本において食料の安全保障を確保するためには、国内生産者の国際競争力を高めるとともに、食料輸入先の多角化・安定化が不可欠必要であるが、パラグアイは農産物の輸入先として有力な候補国である。パラグアイには未利用地も多く、農業生産増加ポテンシャルは高いといえる。また、後述するように中南米随一の親日国といわれるパラグアイは、日本にとって食料の安定調達にかかる政治リスクが極めて低い国といえるであろう。

　親日国パラグアイに対する日本企業による農業投資は、日本の食料安全保障への貢献のみならず、パラグアイ農業の発展にも寄与する可能性を秘めている。日系社会が牽引してきたパラグアイ農業において、日本企業による農業投資の動きに注目したい。

大学による国際協力〜帯広畜産大学の取組み〜

　パラグアイ日系移住地の一つであるイグアス移住地にパラグアイ農業総合試験場（CETAPAR）が所在する。CETAPARの原点は、日本人移住者援護の一環として1962年に開設されたイグアス、アルトパラナ両指導農場であり、JICAの直営試験場として運営されてきた。不耕起栽培技術の普及、マカダミアナッツの導入と普及、高品質・耐病性トマト及びメロン品種の開発と普及、優良種畜牛と牧草種子の配布、日系人農家とパラグアイ人小規模農家の人材育成及び営農基盤の形成などの成果を残し、2010年にJICAから日系農業協同組合中央会に移管された。[97]移管後も、試験研究、営農普及、人材育成などの機能を果たすことが期待され、現在は日系農業協同組合中央会、パラグアイ生産協同組合連合会（FECOPROD）及び国立農業協同組合中央会（UNICOOP）の3

---

97)「パラグアイ農業総合試験場（CETAPAR）-48年のあゆみ-」（2010年9月）。

第6章　日系社会が支えるパラグアイと日本の新たなパートナーシップ

団体により運営されている。

　このCETAPARをカウンターパート機関として、帯広畜産大学は酪農技術の開発や人材の育成を目的としたJICA草の根技術協力「東端畑作地域・酪農技術向上支援プロジェクト」（2011 〜 2016年）を実施、現在はその第2フェーズとして「東部地域・酪農振興のための農業研修拠点の形成と人材育成支援」（2016 〜 2020年）を実施中である。また、帯広畜産大学はこの草の根技術協力とは別に、イタプア県の小規模酪農家への支援を目的とした、「イタプア県における小規模酪農家強化プロジェクト」（2012 〜 2018年）を実施した。このプロジェクトは、帯広畜産大学とJICAが連携のうえ、同大学の学生及び卒業生をJICA青年海外協力隊員としてグループで派遣し、小規模酪農家の生産性向上に貢献することを目的としている。

　JICAが実施するボランティア事業は、①開発途上国の経済・社会の発展、復興への寄与、②有効親善・相互理解の進化、③国際的視野の涵養とボランティア経験の社会還元、の三つの目的を持つ。2015年には事業50周年を迎え、これまで延べ4万人を超えるボランティアが途上国の現場で汗を流してきた。特に1965年から開始された青年海外協力隊事業（20 〜 39歳の青年が対象）は、開発途上国の社会経済開発への貢献のみならず、日本人青年の育成の役割も果たしてきており、近年海外への事業展開を目指す日本企業からの関心を集めるようになってきている。

　前述の「イタプア県における小規模酪農家強化プロジェクト」は、国際的視野を持った「グローバル人材」を育てることが目的の一つでもある。プロジェクトに参加した学生・卒業生の中には、青年海外協力隊としての任期を全うした後、海外事業を展開する日本の食産業に従事し、ラテンアメリカの現場で活躍している者もいるようだ。

　帯広畜産大学は、これらの事業の成果も踏まえ、パラグアイにおけるグローバル人材育成の取組みを強化している。前述のCETAPARと連携の

161

うえ、CETAPAR内に帯広畜産大学の教育研究拠点を設置して、農学系グローバル人材の育成を目指すとともに、日本－パラグアイ両国の産業振興に資する農学研究を展開する事業に2016年度から着手した。帯広畜産大学の長澤秀行前学長は事業推進の意義を「グローバル人材を育成して世界の農業に貢献する帯広畜産大学のミッションを具現化するものであり、この取組みの成果として、日本とパラグアイの農学人材が固い絆で結ばれ、両国に永続的な友好関係が構築されることを期待している」と語る。

　日本の大学によるパラグアイ農業開発への協力は、パラグアイ農業関係者の人材育成に貢献するのみならず、日本のグローバル人材育成を通じた日本農業の海外展開にも資するものであり、日本－パラグアイ間の国際協力の大きな潮流となることを期待したい。

「東端畑作地域・酪農技術向上支援プロジェクト」のデモファーム完成式典に出席する長澤前学長(中央)とCETAPAR関係者。　　　　提供：JICAパラグアイ事務所

2. パラグアイ農業・農村社会の変容～日系社会と非日系社会の共存共栄に向けて～

パラグアイ農業における篤農家としての日系人

　日本人がパラグアイに移住して2016年で80年目の節目を迎えた。80年前に入植したラ・コルメナ移住地は現在フルーツの町として知られている。2011年から毎年12月にフルーツ祭りが開催され、多くの観光客で賑わう。

また、ラ・コルメナ市は、香川県やJICAの協力を得て、地産の果物に付加価値をつけようと農産加工品の開発に取り組んでいる。その甲斐あってブドウジュースなどの商品が開発されている。

ブドウジュース「Colka」。JICA草の根技術協力「パラグアイにおける農産物利活用支援プログラム」により、香川県の技術指導を得て開発された商品。　　　　　　提供：JICAパラグアイ事務所

値段は1本1万グアラニー（約200円）とパラグアイの物価からすると安くはないが、添加物一切なしで味はなかなかのもの。ビジネスとして軌道に乗るまでの道のりは容易ではないが、地元の農産物を利用した農産物加工は地方における付加価値と雇用の創出を通じた貧困削減に資する可能性を秘めており、ラ・コルメナ移住地での取組みは注目に値する。

日系農業協同組合中央会副会長埋事の宮本浩一さんはラ・コルメナ移住地の約25ヘクタールの土地で、ブドウ、モモ、柿などの果樹を栽培している。前述のフルーツ祭りやブドウジュースの商品開発において中心的な役割を担ってきた宮本さんは、ラ・コルメナにおける日本人とパラグアイ人の関係について次のように語る。

「果樹は日本人が始めたものだが、現在は日本人とほぼ同じぐらいの面積でパラグアイ人も果樹を栽培している。日本人と同品質の果物を生産できるようなパラグアイ人農家も出てきた。ラ・コルメナでは日本人とパラグアイ人のインテグレーション（融合）が進んでおり、町の発展のためにお互いが協力する文化が根付いている。2016年はパラグアイ日本人移住80周

年の節目の年。80周年を祝う各種行事も多くのパラグアイ人の協力を得て実施することができた。」

パラグアイに移住した日本人は原生林であった土地を切り拓き、農業を営んできたが、日本人移住者がパラグアイに持ち込んだ農業技術はパラグアイ農業の発展や食文化の多様化に大きく貢献してきた。例えば、日本人移住者はパラグアイではほとんど食されていなかった野菜の栽培を始めた。日本人移住者が生産する野菜は徐々に国内市場に出回るようになり、肉食中心のパラグアイ人の食生活の改善に一役かうとともに、現在では小規模農家の貴重な現金収入源の一つになっている。白菜は「Acelga Japonesa」と呼ばれ、直訳すれば「日本の葉物」だ。柿はそのまま「Kaki」、もやしは「Moyashi」である。網目のあるメロンは「日本メロン（Melón Japonés）」として多くのパラグアイ人に愛されている。

アスンシオン市内のマリスカルショッピングセンター内の駐車場を活用して、毎週火曜日に開催される農産物直売所「アグロショッピング」。アスンシオン市近郊で生産される野菜、果物などが販売され、多くの客で賑わう。写真中央は日系農家の柴田大作さん。　　　　　　　　　　　　　　　　　　　　写真：著者

パラグアイが世界第4位の大豆輸出国になったのも、日本人移住者の貢献なしには語れない。持続的な大豆の生産を可能にした「不耕起栽培」の技術は日系移住地を中心に普及、定着し、その後全国に広まった。かつては輸入に頼っていた小麦の生産が現在では国内自給を達成するのみならず、輸出による外貨の獲得まで可能になったのも日本人移住者の功績によるところが大きい。

バルハ農牧大臣（2016年当時）は、「日本人はパラグアイにおける野菜や果樹生産の推進者の一人。また、パラグアイが大豆、小麦などの一大生産国になるために貢献した。日本人は農業生産のすべての面において中心的存在であり、農産物輸出を通じてパラグアイに外貨をもたらしてきた。また同時に、日本政府による技術及び資金協力が農牧セクターの発展に与えた功績についても認識する必要がある。」と日本人及び日本政府によるパラグアイ農業への貢献を高く評価している。[98]

ラ・コルメナに入植して約80年、戦後最初の入植地であるチャベス移住地に入植してから60年以上を経た今日、日本人移住者はパラグアイ人から羨望(せんぼう)の眼差しでみられる存在となった。不耕起栽培の成功は日本人移住者の中の「篤農家」の努力によるところが大きいが、[99] 日本人移住者やその子孫である「日系人」はパラグアイ農業全体における「篤農家」といっても過言ではない。

また、パラグアイが中南米随一の親日国と言われるのも、パラグアイ人から日系人は「勤勉で誠実である」という高い評価を得てきた賜物であり、日系人は日本にとっての重要な外交資産と認識すべきである。

ラ・コルメナ移住地の日本語学校　　提供：JICAパラグアイ事務所

98）EVOLUCIÓN 80 AÑOS（1936-2016）
99）事例研究　パラグアイ日系農業者の発展と大豆栽培 - 不耕起栽培の導入から環境保全型畑作農業へ -（永井和夫）

パラグアイ農業の発展と小規模農家の課題

　経済のグローバル化に伴い、パラグアイの農業や農村社会はこの四半世紀の間に大きな変容を遂げている。

　大豆、トウモロコシ、小麦といったコモディティを生産する輸出志向型、企業経営的な大規模農家[100]は、新たな知識、技術、資金を導入しながら、パラグアイの農業セクターを牽引し、パラグアイの経済成長を支えている。輸出志向型農業の代表的作目である大豆の生産はいわゆる「規模の経済性」が働きやすい。機械化された大豆生産において採算性のある生産規模は最低でも100〜150ヘクタールといわれており[101]、国際競争力の維持・拡大に向けて農地面積の拡大を指向する農家は多い。

　他方、小規模農家はキャッサバ、トウモロコシ、豆類といった自給用作物に加え、ゴマ、綿花、野菜などの換金作物を栽培するが、小規模農家が貧困から脱却する道のりは容易でない。筆者はパラグアイに2012年11月から約4年間JICAパラグアイ事務所に勤務し、特に農業開発分野の関係者から小規模農家が抱える課題について話を聞く機会を得た。その要点を以下に挙げる。

パラグアイの農村風景。広大な農地に大規模農家が大豆、小麦などを栽培している。　　　　　　　　　　　　　　　　　　写真：著者

---

100) パラグアイにおいて大規模農家に係る明確な定義はないが、一般的に500ヘクタール以上の土地所有農家を指すことが多い。
101) ピラポ農協へのヒアリング結果。

第6章　日系社会が支えるパラグアイと日本の新たなパートナーシップ

- 農業技術：小規模農家は公的な農業普及サービスを十分に得られていない。公的な農業普及サービスが十分機能してない理由についてここでは深く論じないが、農業普及サービスは質、量ともに改善の余地が大きい。

- 融資サービス：普及員から新たな技術や知識を得たとしても、その導入のためには少なからず営農資金が必要になるが、小規模農家にとって公的融資へのアクセスは容易でない。小規模農家が所有する土地の登記が行われていないことが多く、融資に必要な担保を有していないことが融資アクセスへの足かせの一因になっている。

- 金融教育：仮に融資を得られても、返済が滞るケースも散見される。融資の返済時期と農業生産物の収穫、販売時期とのずれがその一因である。融資サービス内容の改善が望まれるが、それに加え、借り手である小規模農家の金融リテラシー（知識・判断力）の向上も必要である。[102]

- 組織化：日本の農業協同組合のような農畜産物の共同販売、生産資材の共同購入などを行う農業組織に加入している小規模農家は少ない。小規模農家により構成される組織の大半は、政府による補助金の受け皿の役割を担うにとどまっている。そのため、小規模農家は市場との交渉力が弱く、「作っても売れない、低価格で買いたたかれる」といった問題を抱える。

- 農外収入：農村部における農外収入の機会は限られている。大豆生産のような機械化された農業は、雇用創出効果が高くないのがその一因である。ただし、近年拡大傾向にあるアグロインダストリー[103]が農村部雇用の受け皿となることが期待される。

102）こうした状況を踏まえ、JICA は技術協力「農家のための金融包摂に向けた組織強化プロジェクト」を通じて、小規模農家に対する金融サービスの質の改善に関する協力を行った。

103）農業資源を基にした工業。製粉業、食肉加工業、油脂工業、製糖業など。

小規模農家の栽培風景。パラグアイでも若者の農業離れが進んでいる。30度、時には40度を超える炎天下での農作業は厳しく、小規模農家にとっても農業機械化は課題である。　　　　　写真：著者

　小規模農家が上述のような様々な課題を抱える一方で、大規模農家は、大豆、トウモロコシといった農産物の国際価格が比較的堅調だったこともあり、順調に成長を遂げてきた。[104] またこれらの農産物は通常販路が確立しているため、小規模農家のように生産物の販売に苦しむリスクも低い。栽培に必要な技術も民間主導での開発が進められており、資金力のある大規模農家はパラグアイの脆弱な公的農業普及制度に依存することなく、国内外で開発された先進的な技術を導入している。[105]

日系社会と非日系社会の共存共栄に向けた取組み

　こうして生まれる農村部での貧富の格差は、貧困層による大規模農家所有地の不法占拠といった問題や治安の悪化を引き起こしかねないが、そのような問題は日系移住地にとっても他人事ではない。2011年、センテーラと呼ばれる土地なし農民による土地不法占拠運動のメンバーが入植50周年を迎えたイグアス移住地に不法侵入した事件は日系社会に大きな衝撃を与えた。また、一般治安状況の悪化も懸念されている。時代ととも

---

104) 農林水産省HP（http://www.maff.go.jp/j/zyukyu/jki/j_zyukyu_kakaku/pdf/kakaku_1016.pdf）
105) パラグアイでは隣国のブラジルやアルゼンチンの品種、農薬、農業機械などが使用されることが多い。

に日系移住地における非日系人口が増加し、今や日系移住地人口の過半数は非日系人である中、日系人と非日系人間の経済格差の拡大や非日系人の失業者の増加は日系社会への妬みや反感を生み、一般治安状況の悪化につながりかねない。

2010年から2015年まで日系ラパス移住地が所在するラパス市の市長を務めた宮里伝さんは、JICA青年海外協力隊の支援を受け、2010年より市内の非日系貧困層を対象としたコミュニティー開発事業に取り組んだ。宮里前市長は、「事業を通じて、保健ポストの職員は貧困層への巡回指導を行うことが可能になり、またかつては農家をほとんど訪問することもなく報告書作りに専念していただけの感のある農業普及員は、現在では自分の足で現場を回り農家を指導するようになった。この事業は貧困層の生活の改善に少なからず貢献している。日系社会の発展のためには、日系移住地の非日系人の暮らしが良くなることも必要。自分の生活だけ良ければ良いとの考えではもはや日系社会の発展を望むことはできなくなっている。」と語る。

同じイタプア県にあるピラポ市でも、当時の市長である工藤好雄さんのイニシアティブにより、生産、教育、保健衛生分野において総合的な小農自立化支援プログラムが2006年から開始され、ピラポ市役所の取組みと連携するかたちで、JICAは2009年から2015年までの約6年間、野菜栽培、家政・服飾などの分野で青年海外協力隊員をピラポ市に派遣し、ピラポ市の貧困削減への取組みを支援した。

また、日系移住地では地元の農産物を活用したアグロインダストリーへの投資も行われつつあるが、こうした投資は地域雇用の創出を通じて、非日系社会の貧困削減に貢献している。ラパス農協は2003年に小麦の製粉工場を建設した。日系農業協同組合中央会の元会長の河野敏さんは、「ラパス農協では55名の職員、120名の従業員を雇用しているが、120名の従業員の内約50名は製粉事業により生まれた雇用。以前は盗難など

の問題が散発していたが、事業拡大を通じた地域の雇用創出、特に非日系人に仕事を提供することにより、こうした問題はほとんどみられなくなった。」と語る。ラパス農協は2010年に家畜用飼料工場を建設、将来屠殺場や搾油所に投資することも検討しているようだ。

日本人移住者の尽力により開拓、発展してきた日系移住地ではあるが、非日系社会が多数を占める今日では、上述のような非日系社会と日系社会との共存共栄への不断の努力が必要であり、それなしには日系移住地の持続的な発展は望めなくなってきている。

農業・農村開発モデルとしての日系移住地

同様の課題はブラジル系、欧州系などの移住地も抱えており、現地小規模パラグアイ農家との共存共栄への道が模索されている。JICAはこうした異なる経済環境にあるコミュニティーの共存共栄に向けた取組みを「農協クラスター形成支援プロジェクト」（2012 〜 2016年）などを通じて支援してきた。[106] 前述のとおり脆弱な農業組織にとって生産物の販路開拓は容易ではないが、このプロジェクトでは大農協が有する販路を小農協・小規模農民団体が利用できるような経済協力関係の構築を目指した。例えば、

ラパス農協の製粉工場及び飼料工場事務所　　　写真：著者

---

106) JICA HP (https://www.jica.go.jp/project/paraguay/003/outline/index.html)。

本プロジェクトに参加した日系のイグアス農協は、組合員の大半が小規模農家であるマジョルキン農協に対し融資を提供し、その返済は大豆で受けることとした。マジョルキン農協より受け取った大豆はイグアス農協が有する販路に乗せて販売している。これにより、市場との交渉力が弱い小規模農家でも大豆を安定的かつより良い条件で市場に出荷することが可能になった。イグアス農協組合長の工藤忠利さんは、「格差の是正は日系社会にとっても重要な課題。日系人だけ生活水準が良くなっても、格差が拡大すれば土地不法占拠のような問題を抱えることになる。」と語る。イグアス農協は、他の日系農協に先駆けて1998年に製粉工場を建設し、製粉事業を開始、2016年には屠殺場も整備した。こうしたアグロインダストリーへの投資により、地域雇用の創出にも貢献している。

　日本政府はパラグアイに対する開発協力の重点分野の一つとして「格差是正」を掲げ、貧困層の生計向上を目的とした協力を展開してきた。[107]「すべての人々が恩恵を受けるダイナミックな開発」を目指すJICAは、地域社会の当事者が主体となって外部との関係を構築し、また地域の資源（自然・人・物・資金など）を有効に活用しつつ、地域が抱える農業、保健、教育、インフラ、環境等の課題に包括的に取り組むような開発を支援してきた。また、小規模農家の自立化への支援にあたっては、農業技術の普及、営農資金へのアクセス改善、生産物の販売支援、組織化や農産加工業の育成を通じた雇用の創出などに包括的に取り組むことを目指してきた。

　しかしながら、それは「言うは易く行うは難し」である。パラグアイの行政の特徴を問われれば、「中央集権・縦割」、「トップダウン」が大方の回答であろう。「中央集権・縦割」、「トップダウン」の行政は、地域社会の主体性を奪い、また中央 − 地方間や地域当事者間の協働を妨げる要因となってきた感は否めない。幾年にもわたり続いてきたこうした状況をブ

107）対パラグアイ共和国国別援助方針（2012年4月）

レークスルー（前進）するためには、目に見えるモデルの提示が有効ではないだろうか。「百聞は一見にしかず」である。そして、そのモデルを海外に求める必要はなくパラグアイ国内にある。日系移住地である。

日系移住地では開拓とともに農業協同組合を発足させ、農業協同組合を中心に、営農技術の指導や営農資金の貸出、農業資材の共同購入や農産物の共同販売などが行われ、前述のとおり近年ではアグロインダストリーへの投資も計画・実施され、地域の雇用創出にも少なからず貢献している。また、住民が力をあわせ道路、学校、診療所といった社会インフラを整備し、子弟の人材育成や住民の健康改善に努めてきた。高齢化が進む近年では高齢者福祉の向上も目指している。このような日系移住地の開拓の歴史こそ、パラグアイでの農村開発を進めるうえでの一つのモデルであろう。

日系移住者・日系社会はこれまで日本にとって支援の対象として認識される傾向が強かった。しかしながら、日本、パラグアイの両国に精通し、パラグアイにおける農業・農村開発のモデルとなる社会を築いてきた今日の日系移住者・日系社会は、日本にとって支援の対象というよりは、パラグアイの農業・農村開発に協力するうえでの重要なパートナーとして位置づけられるべきであろう。日系移住者・日系社会との連携は、日本のパラグアイ農業・農村開発分野への協力を効果・効率的なものにするのみならず、日系社会と非日系社会の共存共栄をも後押し、ひいては日系社会の持続的な発展にも寄与するものではないだろうか。

3. パラグアイ社会における日系社会〜日本・パラグアイ友好関係の深化に向けて〜

パラグアイ農業の発展と共に歩む日系農業

日系農協を含む33の農協が加盟するFECOPRODは、パラグアイの農業生産の60%を占め、加盟している農協の社会経済的な利益を守る役割

を果たしている。FECOPRODは加盟組合の出資により、2010年に生産流通事業体（ECOP）を設立した。ECOPは燃料等農業投入財の調達や大豆の輸出などを手掛けている。大豆輸出は穀物メジャーの寡占状態にある中、ECOPの挑戦は注目に値する。FECOPRODは日本の事例も参考にしつつ2012年に生産流通銀行を設立し[108]、近年は気象データや牛乳の品質検査ラボの整備にも取り組んでいる。

　FECOPRODの専務理事であり、CETAPARの前会長であるブラス・クリスタルド氏は、パラグアイ農業の発展に向けた課題として、①人材の育成、適用技術の開発、②農産物の品質の保証、トレーサビリティの強化、③輸送インフラの整備を含むロジスティックの強化、の3点を挙げるとともに、横断的事項としての情報技術の活用の必要性を強調する。同氏は人材育成、適用技術の開発に関し、「パラグアイは農業ポテンシャルの20％程度しか活用できておらず、研究・技術開発、研究者、技術者の育成、生産者の教育、リーダー育成を含む農協の組織強化などがパラグアイ農業のさらなる発展にとって必要不可欠。CETAPARは研究・技術開発や人材育成の拠点として重要な役割を果たすことができる。これまで

FECOPROD専務理事のブラス・クリスタルドさん（右側）とアシスタントのロミナ・エスピノラさん（左側）。2015年にFECOPRODは設立40周年を迎えた。　　　写真：著者

108）JICAは全国農業協同組合中央会の協力を得て、FECOPROD幹部に対し日本の農業協同組合の組織や機能に関する本邦での研修機会を提供した。

JICA草の根技術協力「東端畑作地域・酪農技術向上支援プロジェクト」を通じてCETAPARを支援してきた帯広畜産大学からのさらなる支援を期待している」と語る。同氏が指摘した課題に加え、気候変動に適応するための灌漑・排水施設の整備や気象予測、農業投資促進のための融資制度の充実、農産物貿易に関する国際交渉力の強化なども、パラグアイ農業の発展のための重要な課題であろう。こうした課題は日系農協にも当てはまるであろう。

前述の河野さんは、「これまでの成功体験に安住し、変革を避ける傾向が日系農家の中にはみられるが、そうした内向き志向では日系農業の今後の発展を望むことは難しくなってきている。今後はFECOPRODと連携しながら、パラグアイ農業全体の底上げにつながるような取組みが必要になる」と語る。

日系農業がグローバル化の中でさらなる発展を遂げるためには、日系農家・農協独力では困難な課題に対し、FECOPRODのような業界団体と連携しつつ取り組むべき時代になったといえる。

パラグアイ農業の発展なくして、日系移住地の農業の発展を望むことは難しくなっている今日、日系移住地の農業だけを対象とした協力よりもパラグアイ農業全体の底上げにつながる協力のほうが、日系移住地の農業の発展にとっても効果的なのかもしれない。日系農家・農協をパートナーとしてパラグアイ農業全体の発展を追及することが、パラグアイと日本の新たなパートナーシップの姿ではないだろうか。

パラグアイの魅力

日本政府は、今後急速な成長が見込まれる世界の食市場へ取り組み、我が国の食産業の海外展開と途上国等の経済成長の実現を図るため、官民が連携して、高品質・健康・安全等の日本の「強み」を活かしたフード・バリューチェーンの構築を進めていく方針を掲げている。フー

ド・バリューチェーンを構成する「食のインフラ」は、灌漑施設、農業機械、植物工場、食品製造設備、コールドチェーン、物流センター、小売り・外食等の流通販売網など多岐にわたり、これらをつなげてパッケージで海外展開することが想定されている。地域別方針として、約6億人の人口を抱え安定的で高い成長力を有する巨大な食市場である中南米地域に対しては、中間層等をターゲットとした安全・安心・美味しい・クールな食品の生産・加工・コールドチェーン等の構築を推進する方針のようだ。[109]農・食産業分野の日本企業のパラグアイへの進出はパラグアイの農業及び農産加工業の発展に寄与する可能性を秘めており、日本企業による投資を期待したいところであるが、そのためには、パラグアイ側は日本企業に自国の魅力をアピールする必要があるであろう。日本企業、特に農・食産業界の企業にとってパラグアイの魅力は一体何であろうか。

筆者は農林水産省が実施する「平成28年度中南米日系農業者連携交流委託事業」[110]の第1回日系農業者団体連携強化会議に出席し、「日本・南米の農業ビジネス創出とJICAとの連携可能性について」発表する機会を得たが、その際に日本人からみたパラグアイの魅力として以下の4点を挙げた。

・中南米随一の親日国
・良好な投資環境
・恵まれた自然環境から生まれる国際競争力の高い農産物
・隣国の巨大市場

パラグアイは中南米随一の親日国。この印象はパラグアイに一定期間滞在した多くの日本人の賛同を得られるであろう。この背景に日系人が「勤勉で誠実である」との評価をパラグアイ人から得てきたことは前に述べた。

---

109)農林水産省HP（http://www.maff.go.jp/ j /kokusai/kokkyo/food_value_chain/about.html）。
110)同事業では当初南米地域の日系農業者により生産される農産物の日本への輸出拡大を目指していたが、現在は日本企業との連携強化に力を注いでいるようだ。

親日国においては様々なビジネス交渉も進みやすいのではないだろうか。

パラグアイの投資環境が良好であることもすでに述べた。安価かつ豊富な労働力、税制等における優遇措置、安定したマクロ経済に加え、周辺国と比べて良好な治安、日本米、味噌、醤油など基本的な日本食材はほぼ何でも手に入り、また日本と変わらない教育サービスを提供するアスンシオン日本人学校[111]もある生活環境は、パラグアイへの進出を検討する日本企業にとって大きな魅力であろう。

パラグアイは農業輸出国であり、大豆を筆頭に国際的に魅力のある農産物が数多くある。また、それらの農産物は日系農協でも生産されている。国際競争力の高い農産物の生産を可能にしている要因の一つは広大かつ肥沃な土地であろう。パラグアイは水資源も豊富である。ヤシレタダムの建設により、ヤシレタ地域では毎秒108㎥の水を灌漑水などに利用可能であるが、現在までこの水資源はほとんど利用されていない。パラグアイでは大規模な灌漑開発の経験は皆無である中、パラグアイ農牧省は、JICAの協力を得て、ヤシレタ地域の水資源を活用した稲作を中心とした農業開発を促進するためのマスタープラン作りに取り組んでいる。[112]近年気候変動の影響が懸念される中、このマスタープラン作りの経験を基に、将来パラグアイの他の地域でも利用可能な水資源を活用した安定的な農業生産が可能になることが期待される。

パラグアイの人口は700万人弱であり、消費市場としての魅力は小さいとの考えを抱くことが一般的かと思われる。しかしながら、メルコスールの一員でありかつ国境を接する隣国の市場も見据えるとそうした考えは一変するであろう。ブラジルは2億人を超える人口を擁し、1人当たりGDPは11,613ドル（2014年）、アルゼンチンの人口は4,000万人を超え、1人当た

111）アスンシオン日本人学校HP（https://coljap.wordpress.com/）。
112）JICAは「ヤシレタダム湖隣接地域総合開発調査プロジェクト」を通じて協力する。同プロジェクトでは、マスタープランに加え、マスタープランを実現するためのアクションプランや灌漑排水施設整備に係るフィージビリティー調査等も実施中である。

りGDPは13,432ドル（2015年）である。[113]ブラジルの経済活動の3分の1が集中しているサンパウロ州の人口は4,000万人を超え、約160万人ともいわれる日系人の7割もこの州に居住する。[114]その州都サンパウロからパラグアイ第二の都市シウダ・デ・エステまでの距離はブラジルの首都ブラジリアまでの距離と大差はない。

パラグアイにおける農・食産業ビジネスの可能性

前述を踏まえると、次のようなビジネスモデルが考えられるのではないだろうか。

「国際競争力の高いパラグアイの農産物を活用した、南米域内の巨大市場でありかつ他地域への輸出と比べて相対的に輸送コストが低いブラジル市場を視野においた、パラグアイの日系農協・企業や親日的なパラグアイ人起業家をパートナーとする、農・食産業ビジネス」

より具体的にいえば、サンパウロ市場を視野に、日系農協等と連携のうえ、パラグアイにおける日本食原料の生産・加工、食品流通及び飲食業（和食レストラン）への投資が考えられる。

日本人のパラグアイ移住は、パラグアイの農業や食文化に大きな影響をもたらした。農・食産業分野における日本企業のパラグアイ進出は、近年発展しつつあるパラグアイのアグリビジネスの発展に寄与するのみならず、日系社会の活性化にも貢献するのではないだろうか。

---

113) 外務省 HP（http://www.mofa.go.jp/mofaj/area/latinamerica.html）。
114) 在サンパウロ日本国総領事館 HP（http://www.sp.br.emb-japan.go.jp/jp/comunidade/history_jp.htm）。

コラム⑤　イグアス会議に始まる次世代日系リーダー育成

　2013年2月にJICAパラグアイ事務所の呼びかけにより、中南米各国の日系社会の代表がパラグアイのイグアス移住地に集まり、通称「イグアス会議」が開催されました。お互いの経験と交流を通して、将来の日系社会を支えていく若手の育成にどう取り組んでいくのか、その際の日本政府とJICAの役割とは何か等、活発な議論がなされました。パラグアイよりも日本人移住の歴史が長い国々ではこれまでもいろいろな取組みを行ってきており、パラグアイ日系社会にとっては大きな刺激になりました。一方で他国からの参加者からは、日本語と日本文化をうまく継承しているイグアス移住地に感銘を受けたとの声が多く寄せられました。

　これまでもスポーツ交流等では中南米各国のセントロニッケイ（北米及び南米の日系人が住む国の2世クラブが発展してできた組織）が調整役となり、活発に活動してきました。日系社会全体のテーマは全世界の日系が一同に集まる海外日系人大会（海外日系人協会主催）が担っています。イグアス会議の参加者からは中南米において日系社会が抱える課題を議論する場が必要だという意見が出され、日本との絆の強化を含め、新しい時代にふさわしい日系ネットワークの必要性が確認され、議論の結果は「イグアス宣言」というかたちに取りまとめられ、関係方面に伝達されました。

　時は流れ、2018年6月29日、JICA市ヶ谷の国際会議場にて、外務省及びJICA共催による「中南米日系社会ネクストリーダーズ・フォーラム」が開催されました。本フォーラムは、外務省によって招聘された日系社会の次世代のリーダー、日本の若い世代、日本に在住の日系人、JICA等のプログラムで来日している日系人の研修員や留学生が一緒になって中南米日系社会に関する様々なテーマについて意見交換するオープンなかたちのフォーラムでした。フォーラムの総合コーディ

ネーターは日本在住の日系アルゼンチン人のアルベルト松本氏でした。
https://www.jica.go.jp/information/seminar/2018/20180629_01.html

　実は、アルベルト松本氏は5年前のイグアス会議にも参加され、基調講演で日系社会の横のつながりの重要性を述べられていました。アルベルト松本氏のその後のご尽力はもとより、パラグアイ日系社会が一丸となってイグアス会議をサポートしたことが「中南米日系社会ネクストリーダーズ・フォーラム」につながったのではないと思います。イグアス会議で熱く語られた日系社会の新しいビジョンが5年後に若い世代に引き継がれました。日系の絆がさらに進化していくものと期待します。

北中　真人

エピローグ

パラグアイ日本人移住 80 周年

伊藤 圭介

エピローグ　パラグアイ日本人移住80周年

　2016年9月9日、南米サッカー連盟（略称：コンメボール）の会場にパラグアイ共和国の行政府、立法府、司法府の3権の代表者である大統領、上院議員議長、下院議員議長、最高裁判所長官が集結した。また、そこには副大統領、外務大臣、財務大臣、商工大臣などをはじめとする10名を超える閣僚、各県知事や市長、国会議員といった名だたる要人の姿もみられた。その目的は一つ。パラグアイ日本人移住80周年を祝うためだ。

　秋篠宮家の長女眞子内親王殿下のご臨席を得て、2016年9月9日、日本人移住80周年記念式典が盛大に催された。同式典には、日本から日本・パラグアイ友好議員連盟代表　宮澤洋一参議院議員、在パラグアイ日本国大使、地方政府関係者等が出席した。また、日系社会からは、パラグアイの日本人会の代表者及び中南米各国の日系団体の関係者などが出席した。当初は750名の出席予定であったが、平日にもかかわらず900名を超える人々が出席し、日本人、パラグアイ人が共に日本人移住80周年を祝った。

　式典では、眞子内親王殿下より次のような趣旨の御言葉があった。

　「パラグアイ日本人移住80周年という記念すべき年に、パラグアイ政府の招待により今般の公式訪問が実現して嬉しい。父君である秋篠宮殿下が公式訪問して10年後に自分（眞子内親王殿下）がパラグアイを訪問できたことに特別な縁を感じる。この度の訪問に際しての心温まる歓迎に深く感謝するとともに、パラグアイの発展に貢献し日本・パラグアイ両国の友好の掛け橋を担ってきた移住者とその子孫に心より敬意を表する。日本人移住者を温かく受け入れてくれたパラグアイ政府と国民の厚意をありがたく思うとともに、カルテス大統領閣下の臨席に深く感謝する。本年を契機に先人の努力によって築かれてきた両国の相互理解と交流がより深まり未来を担う世代にも引き継がれていくことを期待する。」

　パラグアイには、38年前に天皇、皇后両陛下、10年前に秋篠宮殿下も訪問されている。パラグアイは天皇家3代が訪問された初めての国のようだ。

　その後、カルテス大統領より次のような趣旨の祝辞があった。

183

「日本人移住80周年を我々と共に祝うために来訪された眞子内親王殿下をお迎えできて大変光栄である。現在日本移住者が住んでいる場所は規律の模範となり、パラグアイの発展をリードしている。パラグアイは日本の皇族が最も多く訪れた国の一つであり、自身も2014年の訪日時には天皇陛下より忘れられない厚遇を受けた。パラグアイはこれまでも、そしてこれからも世界中で最も親日的で日本にとって友好的な国の一つであると確信していただきたい。日本と威厳ある日本人移住者とその子孫に最大限の愛情と敬意を表する。我々の心の扉は眞子内親王殿下に温かく開かれており、パラグアイ国民のすべての愛情を内親王殿下に捧げる。」

この式典に先立ちパラグアイ上院議会は、日本人移住者によるパラグアイ国家の発展と繁栄への貢献に感謝の意を表明した。[115] 下院議会はパラグアイ日本人移住者80周年を国家的関心事項として宣言した。[116] 地方政府(県、市)でも同様の表明が数多くなされており、パラグアイ国民が国を挙げて日本人移住80周年を祝った。[117]

パラグアイ政府は日本人パラグアイ移住80周年記念切手を発行した。
提供：パラグアイ日本人会連合会

---

115) DECLARACIÓN N 149, CONGRESO NACIONAL, H. Cámara de Senadores.
116) DECLARACIÓN N 397, Congreso Nacional, Honorable Cámara de Diputados.
117) 筆者はあるテニス大会に参加したが、その際同大会を主催するテニスクラブからも移住80周年を一緒に祝いたいとの言葉をかけられるなど、日本人移住者のパラグアイ社会への貢献は草の根レベルでも認識されている。

筆者はこの式典に参加する機会を得たが、眞子内親王殿下の御言葉やカルテス大統領の祝辞を聞いて、涙ぐむ日本人移住者の姿を多く見かけた。温かく受け入れてくれたパラグアイの発展に貢献する日本人移住者とその子孫。そしてそうした人達に最大限の愛情と敬意を表する国、パラグアイ。感動的な式典であった。

　日本人パラグアイ移住80周年の年である2016年には、着物ショー（2月）、ミス日系（3月）など1年を通じて様々な行事が催され、多くのパラグアイ人が節目の年を祝った。それら行事のフィナーレを飾った「日本祭り」（10月）には、なんと1万5,000人を超える人々が参加した。しかも「日本祭り」への参加は有料。1人当たり約600円の入場料を払ってまでも、多くのパラグアイ人が会場に駆けつけ、日本人と共に、和太鼓の音色や日本の伝統舞踊を楽しみ、盆踊りを踊り、日本食に舌鼓を打つ姿は何とも言いがたい光景であった。日本文化の一つとして世界でも注目を集めているコスプレも紹介され、日本のアニメや漫画好きなパラグアイの若者が、様々なキャラクターの格好で会場に華を添えた。また、日本の各都道府県や日本文化の紹介ブースも設置され、盆栽などの日本文化に目を細めるパラグアイ人の姿がみられた。「中南米随一の親日国　パラグアイ」。これ以外に言葉が浮かばない。

日本祭りの様子　　　　　　　　　提供：パラグアイ日本人会連合会

日本祭りの会場では、アスンシオン大学自然科学学部の環境技術セン
ターコーディネーターの宮崎雅之さんの発案で、「エコ忍者」と呼ばれる
興味深い取組みが行われた。サッカー日本代表チームがワールドカップに
はじめて参加したフランス大会（1998年）で、日本人観客が試合後にゴ
ミを片付ける姿が放映され、世界の賞賛を得たことを記憶されている方も
多いであろう。「ゴミポイ捨て」はまだまだ日常茶飯事のパラグアイにおける
お祭りの場で、同じことを試みたのである。忍者の衣装をまとったボランティ
ア[118]が、日本祭りへの参加者、特にパラグアイの若者に、ゴミはゴミ箱に捨
てるよう愛嬌をもって啓蒙し、笑顔でゴミをゴミ箱に捨てる若者の姿は微笑
ましかった。

　日系2世の宮崎さんは2015年にJICA日系研修の研修員として京都市に
ある京エコロジーセンターを訪問し、同市のゴミ問題への取組みを学ぶ機
会を得た。帰国後京都で学んだ知識をパラグアイで普及しようと試行錯誤
していた中、1万人以上の集客が予定されていた日本祭りで、祭り後のゴ
ミ放置ゼロの取組みを実践することを思いついた。宮崎さんはパラグアイ
のゴミ問題について次のように語る。

　「パラグアイでは祭りや行事の後は必ず大量のゴミが会場に放置され
る。ローマ法王が2015年にパラグアイを訪問された際に、ローマ法王を一
目みようと、全国各地から人が集まったが、ローマ法王が去られた後の場
に大量のゴミが道路に放置されたことは非常に残念だった。パラグアイで
は汚した後に処理すれば良いとの意識が強いが、そのような意識では環
境問題は解決しない。パラグアイでは経済の発展とともに、ゴミに占めるプ
ラスチックの割合が急激に増えている。プラスチックが自然に分解されるに
は400 〜 1,000年かかる。そのようなゴミを放置するわけにはいかない。そ
のためには先ずは市民の意識改革が必要であり、日本祭りはその絶好の

---

118)エコ忍者の取組みには日系青年部、JICA ボランティアなどが協力した。

機会となった。今後も自分のできる範囲ではあるが、パラグアイのゴミ問題の解決に貢献していきたい。」

日本祭りでの「エコ忍者」は大きな反響を呼び、2016年12月8日に開催される「カアクペ祭り」[119]で、カアクペ市は祭り後のゴミ放置ゼロを目指すことになった。また、こうした取組みに他の市も関心を示しており、宮崎さんはアドバイザーとして、市役所の取組みを支援している。これは、日本人的価値観が日系人を通じてパラグアイに広まる一つの好事例であろう。

日本人パラグアイ移住80周年行事の企画運営は、日系2世が中心的な役割を担った。パラグアイ日本人連合会副会長（当時）で日系2世の桧垣竜介さんは、パラグアイ日本人移住80周年行事を振り返って次のように語る。

「これまでは日本人移住者間で祝う傾向が強かったが、今回の80周年行事の企画運営は日系2世が中心に担ったこともあり、パラグアイ人と一緒に祝いたいとの気持ちが強かった。日本人移住者を温かく、親切に、そして差別なく受け入れてくれたパラグアイ人に感謝の気持ちを伝えることが今回の80周年行事の一番の目的であった。日本祭りは15,000人以上が集まる大イベントとなった。このようなイベントに事故やトラブルは付き物であるが、その他の行事を含めた一連の80周年行事では大きな事故、トラブルもなく終えることができた。日本祭りの後、パラグアイ社会から様々な称賛の言葉を頂いた。日本人の組織力、緻密な運営力、お客に対する細やかな配慮などについては特に高い評価を得た。日本祭りを通じて、日本食など目に見えるものだけでなく、目に見えない日本人らしさもパラグアイ人に伝えられたと思う。来年に「81周年」行事をして欲しいとのコメントも頂いてしまった（笑）。」

---

119) 12月8日の祝日「カアクペ聖母の日」には、全国から大勢のカトリック信者がパラグアイのカトリック総本山、カアクペ大聖堂があるカアクペの地を目指して徒歩で巡礼する。全国から100万人以上が集まる一大イベント。

日本祭りは、日本的な美徳をパラグアイに伝える絶好の機会となり、多くのパラグアイ人が日本的美徳に魅了された。日本祭りが開催されたジョッキークラブ（競馬クラブ）は、日本祭りの成功を称賛する目的で、日本祭りの翌週に行われた競馬レースの最終レースを「日本人パラグアイ移住80周年杯」として開催した。これまでジョッキークラブで開催された大きなイベントの後に残されるものはゴミの山であった。今回の日本祭りでは、前述のエコ忍者や約420名ものボランティアの活躍もあり、会場が借りた時よりも綺麗な状態で返されたこと、物が何も壊されていないこと、会場貸出時間等の約束が遵守されたことなどに、ジョッキークラブ側が強い感銘を受けたことが、「日本人パラグアイ移住80周年杯」の開催につながったようだ。

　また、今回の80周年行事は日系コミュニティー間の団結を強めるといった副次的効果をもたらすことにもなった。日本祭りで披露された和太鼓演奏は、5団体による共演となったが、5団体が力を合わせての共演は初めてのことだ。各種行事を実施するための資金も、従来の日本人会会員からの協力金・負担金に過度に依存することなく、企業からの寄付金がその中心を担った。企業側の広報、マーケティング戦略と80周年行事を上手く結びつける経営感覚は日系2世ならではでないだろうか。

日本祭りでの和太鼓演奏。5団体による共演で、80台の和太鼓による演奏が披露された。
提供：パラグアイ日本人会連合会

エピローグ　パラグアイ日本人移住 80 周年

　1世や1.5世の日本人移住者が築き上げてきた日系社会の中で、次世代を担う日系人が着実に育ってきている。パラグアイ社会の中で信頼と尊敬を勝ち取ってきた日本人移住者は、日本・パラグアイ両国の友好の礎となってきた。パラグアイで生まれ、育った日系2世は、パラグアイ的価値観と両親から引き継がれた日本的価値観を自己の中に内在させる。日系2世、そして次の世代が、1世、1.5世により築かれた友好の礎を基に、日本とパラグアイの友好関係をどのように進化させるか、20年後の日本人パラグアイ移住100周年でどのような感動を残すのか、今から楽しみだ。

参考文献・資料

外務省（2012）『対パラグアイ共和国国別援助方針』

国際協力機構パラグアイ事務所（2010）『パラグアイ農業総合試験場（CETAPAR）
-48年のあゆみ-』

国際協力研究　通算31号事例研究1（2000年）『パラグアイ日系農業者の発展と大豆
栽培-不耕起栽培の導入から環境保全型畑作農業へ』事例研究

在日パラグアイ共和国大使館（2016）『パラグアイ共和国「チャンスに満ちた国」
（PARAGUAY "Land of Opportunities")』

農林水産省（2015）『グローバル・フードバリューチェーン戦略～産学官連携による
"Made WITH Japanの推進"』

La Federación de Asociaciones Japonesas en el Paraguay, Comisión
Organizadora de los Festejos del 80ª Aniversario de la Inmigración
Japonesa al Paraguay.（2016）『祭 Matsuri』

La Federación de Asociaciones Japonesas en el Paraguay, Comisión
Organizadora de los Festejos del 80ª Aniversario de la Inmigración
Japonesa al Paraguay.（2016）EVOLUCIÓN 80 AÑOS（1936-2016）

LEADIN EDGE PARAGUAY 2016
http://www.leadingedgeguides.com/paraguay-2016/

Ministerio de Agricultura y Ganadería （MAG）／Sistema Integrado de
Gestión para el Desarrollo Agropecuario y Rural （SIGEST）（2013）
MARCO ESTRATEGICO AGRARIO DIRECTRICES BASICAS 2014 ／
2018

Ministerio de Agricultura y Ganadería （MAG）／ Dirección de Censos y
Estadísticas Agropecuarias （2008）Censo Agropecuario Nacional 2008

*ÑANDE PARAGUAY － PLAN DE GOBIERNO PROPUESTO POR
HORACIO CARTES 2013 － 2018*

Secretaría Técnica de Planificación del Desarrollo Económico y Social, STP
（2014）「Plan Nacional de Desarrollo Paraguay 2030」

TSUNEISHI GROUP （ASTILLERO TSUNEISHI PARAGUAY S.A.,
TSUNEISHI PARAGUAY IRONWORKS S.R.L., GL SOUTH AMERICA
S.A., TCV PARAGUAY S.A.) （2016） TSUNEISHI for South America

あとがきにかえて

　日本人移住者は、パラグアイの発展に大きく貢献しました。これは二国間の友好関係の歴史における重要な一章です。大きく注目に値する事ですが、あまり知られていません。本書は、間違いなくこの理解を促進してくれるものです。同時に移民社会とその経済がもたらしてくれた豊かさを理解させてくれることでしょう。また、両国の将来に役立つ戦略を立てる際、パラグアイと日系社会の関わりは私達に多くの示唆を与えてくれることでしょう。

　本書が、外交関係樹立100周年に合わせて出版されることを非常にうれしく思います。これまでの二国間の深い結び付きを改めて確認する良い機会であり、将来展望とより緊密な関係構築に向けた第一歩となることでしょう。

　パラグアイの土地は肥沃であり、農業に好ましい気候にも恵まれています。そのため、パラグアイの強みと可能性は農業分野に集中しています。今日、パラグアイが世界への食料供給国の一つであると認識されていることは偶然ではありません。世界的に見ても食料輸出において上位ランキングに位置します。大豆に関しては2018 ～ 2019年に約1,000万トンの生産量を記録し、世界第4位の輸出国となっています。パラグアイは人口700万人分の食料よりもはるかに多く生産する能力を有しています。

　これは偶然の結果ではありません。適正な政策、民間投資、そしてパラグアイの多くの移民コミュニティの長期にわたる協力の賜物です。特に日本人移住者は野菜栽培、フルーツ栽培、大豆生産において顕著な貢献がありました。入植当時はインフラ不足、文化の違い、天災、異なる気候風土など大きな課題に直面したにもかかわらず、パラグアイの自然の恵みが発展の支えとなり、入植者の定住を促進しました。

　1936年、首都アスンシオンから約150キロメートルの距離にあるパラグア

リ県ラ・コルメナに最初の日本人移住地が創設されました。それ以来、日本人開拓者たちは農業に専念し、入植当時、パラグアイではあまり栽培されていなかった綿、大豆、ゴマ、陸稲、野菜等の栽培を開始しました。

　初期の入植者の話によると翌年の1937年には、20トンの大豆輸出を実現したとのことです。ラ・コルメナは早くも農業生産の多様化というパラグアイの夢を実現しました。そしてこの成功は20世紀半ばの日本人移民の第2、第3の波となり、パラグアイの南部と東部の肥沃な土地に新たな入植地が設立されました。

　本書からも見て取れるように、日本の技術協力と資金協力は、まずは日本人移住者のために、その後パラグアイ政府のために実施されました。それら貢献は技術革新を通して人材開発と国土開発に重要な役割を果たしました。これに関連して、JICAに言及する必要があります。JICAはパラグアイにおいて最もうまく行った二国間交流に貢献しました。大豆栽培の改良と発展を通してパラグアイを世界における大豆の大輸出国の一つにしたことです。日本の協力が、GDPに関して国内生産を支える三つの主要製品（大豆、水力発電、牛肉）の一つに直接関係していることは驚くべきことではありません。

　過去10年間で、パラグアイと日本の関係は、成功した農業分野から自動車部品の生産、船舶の建造及び産業プロセスへの技術導入といった新たな分野にまで拡大しました。最近導入されたこれらすべての活動は、長期的かつ堅調な成長に必要なものであり、商品価格の変動への依存度が低いことから、パラグアイの経済活動の多様化に貢献しています。この意味において日本は多様化の過程においてますます重要性を増していま

す。この進化はまだ始まったばかりで、産業投資促進のためのマキラ・プログラムや60/90法など、パラグアイ政府によって導入された便益を考慮に入れれば、産業多様化の可能性はまだまだ尽きることがないと確信します。日本企業は、効率性、競争力、質の高さが求められるグローバル市場をよく理解し、迅速に対応することで、パラグアイにおいても産業多様化の重要な位置を占めています。

とりわけメルコスールで活動している日本企業はメルコスールの財政的インセンティブのみならず、パラグアイにおける生産インセンティブからも利益を得ることができます。生産に影響を与える要因であるコスト面では、新規投資の決定にあたりパラグアイは比較優位を示しています。パラグアイの若者、その原動力と活力は、長期的な日本の発展にとっても最適なパートナー以上のものになるでしょう。高度な人的資本形成において日本の幅広い経験を共有したパラグアイの若者は、両国の利益を生み出すための重要な要素となっていくことでしょう。

日本にルーツを持つ社会がパラグアイのダイナミズムに日々統合されていくという事実は、間違いなくさらなるダイナミズムの創造に役立ちます。今日、日系社会は、パラグアイの経済的、文化的及び社会的活動の一部となっており、国民全体の福祉にとっても極めて重要です。日系人はすでにパラグアイ人として、経済、軍事、外交、そして文化的な分野で顕著な活躍をし、パラグアイの発展に大きく貢献しています。

このような経緯を踏まえますと、両国の利益のためには将来の協力プロジェクトの形成の可能性は計り知れません。パラグアイは日本の食料安全

保障に貢献するうえで重要な役割を果たすことができ、長期的に見て良質で安全な食物を手頃な価格で提供できます。これは、農林水産省の食料安全保障政策にも合致するものです。食料輸入は、日本の耕地が少ないという地質的状況により、食料安全保障の根本的な要因の一つです。日本はパラグアイへの民間投資を通じて新しい技術を導入し、農業生産を拡大する戦略を開発することができます。

パラグアイ日系人によって両国の文化が近づき、日本の消費者の質的な需要を満たす商業関係が進展しています。また、パラグアイの政治的、経済的安定性は、食料輸入において量的なリスクと価格リスクを軽減することを可能にします。

両国が取り組んでいくべきことは協力の継続と拡大です。これは、ますます予測不可能になってきた世界において、課題を克服するための最も持続可能な方法です。政策につながるようなプロセスや合弁事業への民間セクターの参加は、協力を強化してくうえでの重要な要素となります。日本は常にパラグアイの同盟国であり、この関係は現在そして将来においても信頼と友情に基づいたものです。本書はこの両国の関係を明確に示しており、パラグアイの歴史の重要な側面としてだけでなく、先駆的かつより進歩した同盟関係にあり、すでに始まった新しい時代の序章に読者を導いてくれるものと期待します。

2019年3月1日
在日パラグアイ共和国大使
ラウル・フロレンティン－アントラ

略語一覧

CADEP Centro de Analisis y Difusión de Economía Paraguaya
（パラグアイ経済分析・普及センター）

CAPECO Cámara Paraguaya de Exportadores y Comerciadores de
Cereales y Oleaginosas（パラグアイ穀物・油脂輸出商業会議所）

CETAPAR Centro Tecnológico Agropecuario en Paraguay
（パラグアイ農業総合試験場）

CRIA Centro Regional de Investigación Agrícola
（地域農業研究センター）

ECOP Emprendimientos Comerciales y Productivos
（生産流通事業体）

EDEP Estudio de Desarrollo Económico de Paraguay
（パラグアイ経済開発調査）

FAO Food and Agriculture Organization of the United Nations
（国際連合食糧農業機関）

FDI Foreign Direct Investment（外国直接投資）

FECOPROD Federación de Cooperativas de Producción
（パラグアイ生産者組合連合会）

FEPASIDIAS Federación Paraguaya de Siembra Directa para una
Agricultura Sustentable
（全パラグアイ永続農法研究連絡協議会）

GDP Gross Domestic Product（国内総生産）

ICT Information and Communication Technology
（情報伝達技術）

INCOOP Instituto Nacional de Cooperativismo（国家協同組合院）

INDERT Instituto Nacional de Desarollo de la Tierra de Paraguay
（国立農村土地開発院）

IPTA Instituto Paraguayo de Tecnología Agraria
（パラグアイ農業試験場）

JICA Japan International Cooperation Agency（国際協力機構）

JIRCAS	Japan International Research Center for Agricultural Science（国際農林水産業研究センター）
NGO	Non-Governmental Organization（非政府組織）
ODA	Official Development Assistance（政府開発援助）
ONPEC	Organización Nacional Promotora de la Estrategia de la Competitividad（競争力戦略推進全国組織）
SENAVE	Servicio Nacional de Calidad y Sanidad Vegetal y de Semillas（国立植物・種子品質防疫局）
STP	Secretaría Técnica de Planificación del Desarrollo Económico y Social（パラグアイ大統領府企画庁）
UNDP	United Nations Development Programme（国連開発計画）
UNICOOP	Central Nacional de Cooperativas Unicoop Ltda（国内農協中央会）
UNIDO	United Nations Industrial Development Organization（国連工業機構）
USAID	United States Agency for International Development（米国援助庁）

※本書に関連する写真・資料の一部は、独立行政法人国際協力機構（JICA）のホームページ「JICAプロジェクト・ヒストリー・ミュージアム」で閲覧できます。
URLはこちら:
https://libportal.jica.go.jp/library/public/ProjectHistory/ParaguayAgriculture/ParaguayAgriculture-p.html

[著者]

北中　真人 （きたなか　まこと）

1959年兵庫県生まれ、神戸大学農学部大学院修了。在学中に青年海外協力隊参加（ホンジュラス野菜隊員）。1985年にJICA入社。農業関連部署を中心に、アルゼンチン、エルサルバドル、パラグアイ（事務所長）に駐在。2010年東京農業大学で博士号を取得。農村開発部長を最後に2017年退職。現在、キューバ農業普及システム強化計画・プロジェクトリーダー。

藤城　一雄 （ふじしろ　かずお）

1970年千葉県生まれ、筑波大学第二学群農林学類卒業。1995年より青年海外協力隊（植林隊員）としてドミニカ共和国派遣。1998年JICAに入社し、農林水産開発調査部、JICAパナマ運河流域保全プロジェクト専門家、JICA筑波を経て、2009〜2012年までパラグアイ事務所に勤務し農業・農村開発分野などの業務担当。2012〜2016年まで中南米部中米・カリブ課長、現在、エルサルバドル事務所長。

細野　昭雄 （ほits うその　あきお）

東京大学教養学部教養学科卒業。アジア経済研究所、国連ラテンアメリカ・カリブ経済委員会（UN-ECLAC）、筑波大学（社会工学系）、神戸大学（経済経営研究所）に勤務。2002年エルサルバドル共和国大使、2008年政策研究大学院大学、2011年国際協力機構（JICA）研究所長、2013年からJICA研究所シニアリサーチアドバイザー。パラグアイの包摂的発展に関するUN-ECLACとの共同研究などに参加。

伊藤　圭介 （いとう　けいすけ）

1971年愛知県生まれ、1996年北海道大学農学部農業経済学科卒業後、同年JICAに入社。ボリビア事務所（1999〜2002年）、パラグアイ事務所（2012〜2016年）に駐在し、農業・農村開発、日系社会支援などの業務に従事。2010〜2012年まで名古屋大学特任准教授として農学知的支援ネットワークの事務局次長を務める。2017年から現在まで農村開発部第3チーム課長。

パラグアイの発展を支える日本人移住者

大豆輸出世界4位への功績と産業多角化への新たな取組み

2019年3月29日　　第 1 刷発行

著　者：北中 真人・藤城 一雄・
　　　　細野 昭雄・伊藤 圭介

発行所：佐伯印刷株式会社　出版事業部
　　　　〒151-0051 東京都渋谷区千駄ヶ谷5-29-7
　　　　TEL 03-5368-4301
　　　　FAX 03-5368-4380

編集・印刷・製本：佐伯印刷株式会社

ISBN978-4-905428-95-4　　Printed in Japan
落丁・乱丁はお取り替えいたします

既 刊 書

㉑ 僕の名前はアリガトウ
太平洋廃棄物広域協力の航跡………………………………………………… 天野 史郎

ヒューマンヒストリー
⑳ マダム、これが俺たちのメトロだ!
インドで地下鉄整備に挑む女性土木技術者の奮闘記 ……………………… 阿部 玲子

⑲ 屋根もない、家もない、でも、希望を胸に
フィリピン巨大台風ヨランダからの復興 ………………… 見宮 美早・平林 淳利

⑱ タイの新しい地平を拓いた挑戦
東部臨海開発計画とテクノクラート群像 ………………………………… 下村 恭民

⑰ クリーンダッカ・プロジェクト
ゴミ問題への取り組みがもたらした社会変容の記録 ……………… 石井 明男・眞田 明子

⑯ 中米の子どもたちに算数・数学の学力向上を
教科書開発を通じた国際協力30年の軌跡 ………………………………… 西方 憲広

⑮ 地方からの国づくり
自治体間協力にかけた日本とタイの15年間の挑戦 ……… 平山 修一・永井 史男・木全 洋一郎

⑭ 未来をひらく道
ネパール・シンズリ道路40年の歴史をたどる …………………………… 亀井 温子

⑬ プノンペンの奇跡
世界を驚かせたカンボジアの水道改革 …………………… 鈴木 康次郎・桑島 京子

⑫ いのちの水をバングラデシュに
砒素がくれた贈りもの ……………………………………………………… 川原 一之

⑪ 森は消えてしまうのか?
エチオピア最後の原生林保全に挑んだ人々の記録 プロジェクト・エスノグラフィー …………………… 松見 靖子

⑩ ジャカルタ漁港物語
ともに歩んだ40年 ………………………………………………………… 折下 定夫

⑨ ぼくらの村からポリオが消えた
中国・山東省発「科学的現場主義」の国際協力 ………………………… 岡田 実

⑧ アフリカ紛争国スーダンの復興にかける
復興支援1500日の記録 ……………………………………………………… 宍戸 健一